하나님을 만나는 비결

Originally published in English under the title of

Heirs of Salvation

Copyright © 2002 by Martyn Lloyd-Jones
Originally published by The Evangelical Movement of Wales
All rights reserved.
Used and translated by the permission of The Evangelical Movement of Wales through
the arrangement of KCBS Literary Agency, Seoul, Korea.
Korean Translation Copyright © 2006 by Dream Keeper, Seoul, Korea.

본 저작물의 한국어판 저작권은 KCBS Literary Agency를 통하여
The Evangelical Movement of Wales와 독점 계약한 꿈지기에 있습니다.
신저작권법에 의하여 한국 내에서 보호받는 저작물이므로 무단 전재와 무단 복제를 금합니다.

Martyn Lloyd-Jones

하나님을 만나는 비결

마틴 로이드 존스 지음　김현준 옮김

*꿈지기

옮긴이의 말

먼저 본서가 나올 수 있도록 허락하신 하나님께 진심으로 감사와 영광을 돌립니다.

본서는 국내에 처음 선보이는 로이드 존스 목사님의 구약 인물 설교로써, 위대한 구약의 신앙 위인들을 통해서 무엇보다 '성경적인 구원의 확신' 문제를 깊이 있고 예리하게 다루고 있습니다. 그러나 본서를 읽다보면 구원의 확신 문제와 더불어 참된 그리스도인과 거짓 그리스도인의 모습이 무엇인지 뚜렷이 알게 될 것입니다. 그리고 가장 중요한 것으로써, 신앙 성장의 원동력이 무엇인지도 확실히 알게 될 것입니다.

본서는 이제 막 기독교에 대하여 눈을 뜬 사람들에게 좋은 길잡이가 될 것입니다. 또한 오랜 신앙생활을 했음에도 아직 첫사랑의 기쁨을 능가하는 기쁨을 맛보지 못한 신자들에게 강력한 도전을 줄 것이라 확신합니다.

누구나 참 신앙이 무엇인가에 눈뜨면 늘 그러하듯이, 구원의 확신 문제와 신앙의 비결에 대한 물음을 끝없이 던지는 것 같고, 이런 문제들을 확실히 알고 싶은 마음에 오랜 시간을 보내기 마련인 것 같습니다. 이런 분들에게 본서가 많은 힘과 소망을 실어줄 것으로 확신합니다.

무엇보다 본서를 통해서 하나님을 더 뜨겁게 사랑하는 성도들이 많아지기를 기도합니다.

본서가 설교를 녹취한 것이므로 설교체로 옮기도록 하였고, 본문의 내용을 최대한 잘 전달하기 위해 힘썼지만, 부족한 점이 있다면 순전히 저의 허물이므로 널리 양해를 구합니다. 한 가지 아쉬운 점은 본서가 언제 설교되었는지에 대한 날짜 기록이 없다는 것입니다.

아무쪼록 지면을 통해 본서를 번역하도록 허락해 주신 영국 웨일즈의 브라인티리온 출판사(Bryntirion Press)에게 감사를 드리고, 옆에서 여러 조언과 책 디자인으로 수고한 사랑하는 아내와 늘 기도로 후원해주시는 양가 부모님에게 고마움을 표하고 싶습니다.

역자 올림

목차 contents

1장 **아벨** : 확신으로 드리는 예배 · 7
　가인과 아벨 · 17

2장 **에녹** : 하나님과 동행한 사람 · 43
　믿음으로 에녹은 · 47
　그 증거 · 50
　에녹의 비결 · 54
　나와 함께 가자! · 75

3장 **아브라함** : 하나님과의 우정 · 79
　믿음의 확신 · 81
　하나님의 친구 · 83
　아브라함에게서 배울 것 · 89

4장 **아브라함** : 시험받은 믿음 · 111
　확신의 본질 · 117
　확신의 범위 · 124
　확신을 테스트해 보기 · 131

5장 **모세** : 하나님을 본 사람 · 145
　모세 이야기 · 148
　근원적인 힘 · 154
　가능하게 만든 힘 · 162
　완전한 확신 · 172

부록 : 지옥의 공포 · 177

1장

아벨
확신으로 드린 예배

영접하는 자 곧 그 이름을 믿는 자들에게는
하나님의 자녀가 되는 권세를 주셨으니
이는 혈통으로나 육정으로나 사람의 뜻으로 나지 아니하고
오직 하나님께로서 난 자들이니라
(요한복음 1:12-13)

믿음으로 아벨은 가인보다 더 나은 제사를
하나님께 드림으로 의로운 자라 하시는
증거를 얻었으니 하나님이 그 예물에 대하여 증거하심이라
저가 죽었으나 그 믿음으로써 오히려 말하느니라
(히브리서 11:4)

복된 확신, 예수는 내 것일세.
오, 그것은 영광의 신성을 미리 맛본다는 것 아닌가!
구원의 상속, 하나님의 희생, 성령으로 태어나는 것,
예수의 보혈로 씻음 받는 것이 바로 그것이니.

- 프란시스 잔 반 알스타인(Frances Jane Van Alstyne) -

요한복음 1장 12절과 13절은 구원의 궁극적인 목적과 대상이 단지 죄 사함 받는 것이 아니라, 주 예수 그리스도를 믿는 하나님의 자녀들이 되어야 한다는 것을 다시 생각나게 합니다. 그리스도를 믿는 모든 사람들은 그렇게 됩니다. 그렇게 되도록 말씀은 육신이 되어 우리 가운데 거하셨습니다. 또 그렇게 되도록 그분은 생을 사셨고, 죽으시고 다시 살아나셨습니다.

이제 이 말씀은 우리가 들을 수 있는 메시지 가운데서도 가장 아름다운 것입니다. 어떤 식으로든 우리가 '하나님의 자녀'가 될 수 있다는 이 놀라운 사실과 비교될 만한 것은 아무 것도 없습니다. 자녀들이라면, 더 나아가 상속자라면, 그것도 하나님의 상속자라면, 그들은 그리스도와 공동 상속인입니다(로마서 8:16-17). 바로 이것이 신약성경의 가르침이며, 우리가 알아야 할 것 가운데 이보다 더 중요한 것은 없습니다.

'그리스도인들'이라는 의미는, 자신들이 하나님의 자녀임을 알고 있다는 뜻입니다. 또한 그들이 이 사실을 알고 기뻐하는 것을 의미합니다. 그리고 말씀의 진정한 의미를 깨닫고 나서, 행복해하고 복된 사람들이 되었음을 의미합니다.

두 가지 종류의 확신이 있습니다. 먼저, 성경에서 유추한 것으로 확신을 가지는 방법입니다. 그런데 이것은 다시 두 가지 방법으로 나눌 수 있습니다. 그 첫 번째 방법은, 성경의 분명한 진술들을 믿음으로써 가지는 확신입니다. 한 예로, 우리가 '저를 믿는 자는 심판을 받지 아니하는 것이요 믿지 아니하는 자는 하나님의 독생자의 이름을 믿지 아니하므로 벌써 심판을 받은 것이니라' (요한복음 3:18)는 약속의 말씀을 읽고, 이 말씀을 믿는다면 심판을 받지 않는다는 것을 알게 됩니다. 두 번째 방법은, 우리 자신이 성경에서 항상 참된 그리스도인이라고 말하는 것과 반대되는지를 시험함으로써 이루어집니다.

그러나 두 번째로, 이 모든 것보다 더 큰 확신이 있습니다. 바로 성령께서 직접 증거하심으로 갖게 되는 확신입니다.

'성령이 친히 우리 영으로 더불어 우리가 하나님의 자녀인 것을 증거하시나니' (로마서 8:16).

그러면 어떻게 이 두 번째 확신을 얻을 수 있을까요? 게다가 우리가 하나님의 자녀이고, 우리가 그분이 보시기에 아주 좋다는 것을 알려면 우리는 무엇을 해야 할까요? 제 생각에 이 질문에 접근하는 최고의 방법은, 우리처럼 이 세상에서 살았지만 이와 같은 확신으로 즐거워했던 몇몇 사람들의 예를 살펴보는 것입니다. 그래서 히브리서 11장에 기록된 몇몇 사람들을 생각해 보고자 합니다.

인물 전시관

첫째로, 여러분에게 '인물 전시관' 이라는 소개의 말로 히브리서 본문을 상기시켜드리고자 합니다.

'믿음은 바라는 것들의 실상이요 보지 못하는 것들의 증거니 선진들이 이로써 증거를 얻었느니라. 믿음으로 모든 세계가 하나님의 말씀으로 지어진 줄을 우리가 아나니 보이는 것은 나타난 것으로 말미암아 된 것이 아니니라'(히브리서 11:1-3).

히브리서 기자는 아벨의 경우를 첫 번째 예로 들며 화제를 바꿉니다.

'믿음으로 아벨은 가인보다 더 나은 제사를 하나님께 드림으로 의로운 자라'(4절).

히브리서 기자는 큰 낙심 가운데 있었던 일부 그리스도인들에게 서신을 쓰고 있었습니다. 그들은 과거에 유대교인들이었지만 복음 설교를 듣고 믿게 된 사람들이었습니다. 그러나 이제 그들 가운데 많은 이들이 의심하고 확신을 갖지 못하게 되었습니다. 많은 이들이 동경하는 눈으로 자신들의 옛 종교로 돌아가고자 했으며, 오늘날 우리가 '패배주의'라고 부르는 상태에 빠지게 되었습니다. 결과는 그들이 완전히 낙심했다는 것입니다. 우리는 그들의 괴로움이 바로 구원의 확신에 대한 부족 때문이라고 말할 수 있습니다.

이에 대한 히브리서 기자의 모든 반론 내용은, 자신을 따르는 지도자들에게 그들이 필요로 하는 확신을 주기 위함이었습니다. 그는 주 예수 그리스도와 그분의 사역에 관한 분명한 교리를 알려주었습니다. 그는 바로 이것을 논증한 것이고, 그의 지도자들에게 이 기초 위에 서도록 열심히 권하였던 것입니다. 그리고 무시무시한 경고들도 화제로 삼았습니다. 그래서 이제, 그들에게 도움과 용기를 주는 이 모든 일을 마치면서 다음과 같은 효력있는 말을 한 것입니다. "주목해 보십시오. 여러분 모두의 괴로움과 어려움들은 하등 새로울 것이 없습니다. 하나님의 백성들은 항상 이 세상에서 고난의 시간을 보냈습니다. 그러나 그 모든 것을 딛고 그들은 앞으로 나아갔으며, 결국 승리하였습니다. 그런 그들의 비밀이 무엇이었는지 아십니까?" 그는 이 말을 하고 나서 위대한 선조의 이름 목록을 제공한 것입니다. 그리고 그들 모두는 각자 신앙의 삶을 살았기 때문에 승리했다는 점을 지적하였습니다. 그의 표현대로 하자면 그들은 '믿음으로' 이 세상을 헤쳐 나갔던 것입니다.

목록을 제시하면서 저자는, '이러므로 우리에게 구름같이 둘러싼 허다한 증인들이 있으니 모든 무거운 것과 얽매이기 쉬운 죄를 벗어 버리고 인내로써 우리 앞에 당한 경주를 경주' 하자고 말했습니다(히브리서 12:2). 그러면서 그는 11장에서 이렇게 승리한 사람들의 예를 제공하였습니다. 그들은 자신들이 하나님의 자녀라는 것을 알고 있었기 때문입니다. 그들은 하늘의 아버지와 자신들의 관계에 대하여 확신하였기 때문에 자신들의 영혼과 모든 것이 형통할 것을 알았습니다.

이제 저는 정확히 이 서신의 저자가 말하는 방법을 똑같이 따르라고 제안합니다. 제가 구약성경의 인물들을 살펴본다고 해서 놀라실 분들은 아무도 없다고 믿습니다. 혹시 다음과 같은 질문을 하면서 난감해하시는 분들이 계실지 모르겠습니다. "왜 이 서신의 저자는 이렇게 하였을까요?" 무엇보다도 그는 전적으로 그리스도인들에게 편지를 썼고, 그들은 우리처럼 수가 많았습니다.

그러나 그는 그들 앞에 이들 구약의 위인들을 열거했습니다. 그렇게 한 이유는 너무나 간단합니다. 하나님께서는 동일한 것을 상기시키십니다. 갈라디아서 4장이 상기시키는 것처럼 이스라엘 백성들, 참된 이스라엘의 자녀들은 우리처럼 많은 수의 하나님의 자녀들입니다.

그리스도인인 우리는 믿음의 자녀이므로 아브라함의 자녀도 됩니다. 신약의 위대한 메시지는 이방인들도 유대인과 더불어 '공동 상속자'가 되었다는 것입니다(에베소서 3:6). 말하자면 우리는 추가된 자들이며, 부름을 받은 자들이며, 같은 왕국으로 들어가게 될 자들이 된 것입니다. 이것이 바로 바울이 에베소서 2장과 3장에서 그렇게 열렬히 영광을 돌린 이유입니다.

이렇게 되는 것에는 아무 문제가 없습니다. 하나님과 믿는 자와의 관계는 본질적으로 구약성경과 신약성경 모두에서 똑같습니다. 아브라함은 하나님의 자녀였습니다. 아벨도 그랬었고, 마찬가지로 이들 모든 사람들도 마찬가지였습니다.

차이점이라고는, 구약 성경 시대에서는 이런 관계가 주로 물질적인 것과 눈에 보이는 것으로 표현되었다는 것이고, 반면에 지금은 이 관계가 주로 영적 관계와 영적 상태로, 그리고 보이지 않는 어떤 것으로 표현되었다는 것입니다.

단지 다른 점이 있다면, 저와 여러분은 구약시대 사람들이 바라만 보던 것, 즉 그리스도의 완성된 사역을 되돌아보고 있다는 것이며, 이는 구약 성경의 위인들이 가졌던 것보다 더 위대한 확신을 가져다 줄 것이라는 점입니다. 그들은 단지 히브리서 기자가 표현한 것처럼, 이런 일들을 '멀리서 보았을' 뿐입니다(히브리서 11:13).

'이 사람들이 다 믿음으로 말미암아 증거를 받았으나 약속을 받지 못하였으니 이는 하나님이 우리를 위하여 더 좋은 것을 예비하셨은즉 우리가 아니면 저희로 온전함을 이루지 못하게 하려 하심이니라' (히브리서 11:39-40).

그러므로 우리는 우리 자신에게 다음과 같이 말하며 이 사람들을 살펴봐야겠습니다. "음, 그들이 확신한 것은 내가 가진 것 중에서 아주 작은 것이었구나. 그렇다면 나는 더 많은 확신을 가져야겠다. 왜냐하면 나는 더 좋은 입장에 있는 것이니까."

'좋은 증거'

그러므로 이 사람들을 살펴봅시다. 우리는 그들이 '좋은 증거를 받았다' 는 것을 보았습니다(39절, 우리가 가진 성경에는 그냥 '증거' 라고 되어있으나, 영어 성경에는 '좋은 증거' 로 표현되었음 — 옮긴이). 그런데 '좋은 증거' 라는 이 표현은 4절에서도 쓰였습니다. '의로운 자라 하시는 증거를 얻었으니.' 이 사람들은 자신들이 선하다는 '증거', 즉 하나님께서 보시기에 의롭다는 증거를 받았던 것입니다.

다른 말로, 히브리서 기자는 우리에게 하나님께서 이들 구약 성경의 위인들을 기뻐하셨고, 그들은 모두 하나님의 백성들이라는 것을 말해주고 있는 것입니다. 그리고 세상이 그들을 어떻게 대하든지 하나님께서는 그들을 위한 장소를 준비하고 계셨으며, 그들은 확실히 그 곳으로 들어갈 것이라는 것을 말해주고 있습니다. 말하자면 그들은 구원의 확신을 가진 사람들의 위대한 본보기였던 셈이며, 이 사람들은 이 세상에서 살면서 온갖 종류의 어려움과 시련과 연약함이 따라 붙었음에도 불구하고 여전히 완전한 확신을 가지고 있었다는 것입니다.

이제 우리가 찾고자 하던 것을 찾기 위해 이 사람들을 살펴보기에 이르렀습니다. 히브리서 기자가 표현한대로, 이들 모두에게 있는 한 가지 공통점은, 이들이 '믿음으로' 걸었다는 것입니다. '믿음은 바라는 것들의 실상이며, 보지 못하는 것의 증거니라' — 즉 믿음은 실상이며 보증이라는 말입니다. 기자가 말하는 믿음은 확신을 주는 믿음입니다.

그러나 우리에게는 이들과 똑같은 유형을 보여주는 사람들의 목록이 전혀 없다는 것을 알게 됩니다. 이들과 우리 사이에는 너무나 다른 차이점들이 있습니다. 왜냐하면 우리 모두가 그리스도인이라 하더라도 우리 모두가 똑같은 사람들은 아니기 때문입니다. 우리에게 일어나는 일만 해도 다양하며, 우리가 살고 있는 세상도 다양합니다. 이런 모든 사실들이 차이점을 만듭니다. 그러나 이렇게 다양한 환경 속에서도 이 사람들은 여전히 같은 확신을 소유하고 있었으며, 여전히 같은 믿음이 바탕이 되는 삶을 살고 있었습니다.

어떻게 확신을 얻는지 알고 싶거나 확신이 부족하다면, 이 사람들을 살펴보고 이들의 비결을 알아내는 것보다 더 적합한 것은 없습니다. 그들을 이런 확신의 위치로 이끈 것은 무엇일까요? 우리는 아벨에 대한 것을 읽었습니다(4절).

'하나님이 그 예물에 대하여 증거하심이라.' 이 말씀은 에녹에게도 똑같았습니다.

'믿음으로 에녹은 죽음을 보지 않고 옮기웠으니 하나님이 저를 옮기심으로 다시 보이지 아니하니라 저는 옮기우기 전에 하나님을 기쁘시게 하는 자라 하는 증거를 받았느니라' (5절).

하나님께서는 이들 각 사람들을 증거 하신 것입니다. 바로 그것이 기초이며 근본적인 사실이었습니다. 하나님께서는 이들로 하여금 자신들이 하나님의 사람들이며, 하나님께서 이들을 기뻐하신다는 것을 알게 하셨던 것입니다.

이것이 바로 우리의 주제입니다. 그리고 우리들 각자를 향한 질문은 바로 다음과 같습니다.

우리는 우리가 하나님의 자녀라는 것을 알고 있는가? 하나님께서는 우리에게 당신이 우리를 아주 기뻐하고 계신다는 것과 우리는 그분의 자녀라는 증거를 주셨는가? 이들 각각의 사람들은 이런 확신을 가졌으며, 이것은 우리들 각자도 이런 확신을 가져야 된다는 것을 의미합니다.

그리스도인들은 자신의 구원에 대해서 불확실해야한다는 것을 의미한 것이 아닙니다. 그리스도인들은 조금도 그저 구원받기를 소망하는 사람들이 아닙니다. 그들은 구원을 압니다. 그들은 자신의 구원을 기뻐해야 하며, 이 세상 속에서 승리의 삶을 살아가야 합니다.

가인과 아벨

이제 우리는 첫 번째 본보기에 이르게 되었습니다. 아벨만큼 가장 최초로 믿음의 본보기를 보일 수 있는 다른 사람이 없다면 아벨의 본보기는 특별히 관심이 가는 본보기입니다. 우리가 읽은 바대로 하나님께서 정말 기뻐하신다는 것을 알게 해 주신 최초의 사람입니다. 이 첫 번째 실례는 언제나 중요합니다. 그래서인지 아벨은 히브리서 기자가 마땅히 살펴보고자 할 때 가장 먼저 언급한 사람이 되었습니다.

그러나 이 첫 번째 실례에는 또 다른 위대한 장점도 있습니다. 그것은 바로 대조하는 방식으로 진리를 알려준다는 것입니다. 대개 다른 실례들은 그냥 한 개인에 대해서만 예를 듭니다. 그러나 여기서는 서로 다른 대조의 방식으로, 즉 아벨의 형인 가인을 대조하는 방식으로 보여줍니다. 부정적인 표현으로 이렇게 말하는 듯합니다. "우리 형제는 항상 도움을 주고 있습니다. 그렇지 않나요?"

여러분은 있는 그대로 보기도 하고, 대조하는 식으로도 보게 됩니다. 어떤 때는 그냥 직접 보는 것보다는 이렇게 대조하는 식으로 보는 것이 더 용이합니다. 그러나 지금은 반대되는 것으로, 대조하는 방식으로 살펴볼 것입니다. 그렇게 함으로써 첫 윤곽이 보다 더 두드러지고 선명하게 드러나게 될 것입니다.

이제 우리 앞에 가인과 아벨이 있습니다. 아벨은 하나님께서 기뻐하시는 사람이었던 반면, 가인은 그런 사람이 아니었습니다. 그래서 우리는 우리의 관심을 특별히 아벨에게 집중해야 합니다. 그리고 그를 그렇게 만든 것이 무엇인지, 또한 그를 통해 히브리서 저자가 그토록 히브리 그리스도인들이 가지기를 갈망했던 복된 확신을 갖도록 해준 것은 무엇이었는지 알아내야겠습니다.

두 가지 형태의 예배자

우리가 여기서 보게 되는 그림은 두 사람이 하나님을 예배하는 모습입니다. 가인도 아벨만큼 열심 있는 예배자였습니다. 우리는 두 사람이 어떤 교회에 들어가는 것처럼 하나님께 예물을 드리는 두 사람의 그림을 보게 됩니다. 우리가 예배드리는 장소나 예배드리는 자세에서 알게 되는 단순한 사실은, 장소로나 자세 그 자체로는 하나님을 기쁘시게 하기에 충분하지 않을 수 있다는 것입니다.

그러나 여기에서 말씀하는 주된 교훈은 두 사람 간의 대조적인 모습입니다. 이것은 주목할 만한 모습인데, 그 이유는 그들이 형제들이요, 같은 부모의 자식들이기 때문입니다. 그들은 같은 집에서 살았습니다. 또 그들은 같은 환경에서 살았습니다. 그리고 그들은 똑같은 가르침에 복종했습니다. 즉 그들에게는 모든 것이 동일했던 것입니다. 그럼에도 근본적인 차이와 불일치가 있었습니다.

그리고 여기, 역사의 여명기에서, 우리는 인간 역사의 이야기에 대한 완벽한 요약을 보게 됩니다. 인류 전체는 가인 아니면 아벨과도 같은 것입니다. 이것은 교회뿐만 아니라 교회 밖에서도 똑같은 진리입니다. 여기, 태초에서부터 하나님께서는 우리에게 심오하고 근본적인 교훈을 배울 수 있는 이 위대한 본보기를 제공해 주셨습니다. 그리스도인이면서 그것을 알지 못하는 것이 어떻게 가능하겠습니까? 자신이 그리스도인도 아니면서 그리스도인이라고 생각하는 일이 어떻게 가능하겠습니까?

불행한 일이지만, 우리가 교회의 교인이기 때문에 나는 그리스도인이라고 말하는 것이 왜 진리가 되지 않을까요? 자, 여기 그 대답이 있습니다. 그리고 우리가 어떻게 자신이 참된 그리스도인임을 확신할 수 있는지와 어떻게 그 확신을 갖고 기뻐할 수 있는지에 대한 전체 비결의 열쇠도 있습니다.

가인과 아벨은 구약성경을 관통해 흐르는 위대한 시리즈의 첫 번째가 됩니다. 우리는 가인과 아벨을 지나 아브라함의 두 아들인 이삭과 이스마엘에 대하여 읽게 됩니다. 그런데 그들도 다른 사람들이었습니다! 그 후에 쌍둥이인 야곱과 에서라는 지독한 경우가 뒤를 잇습니다. 이들도 같은 부모를 두고, 정확히 같은 순간에 같은 자궁에서 태어났지만 근본적인 차이점이 있었습니다!

말씀은 계속 이어집니다. 우리는 사라와 하갈도 보게 되고, 후에 이스라엘의 거짓 선지자와 참 선지자도 보게 됩니다. 그들 모두 선지자였고, 모두 같은 직무를 수행하였으며, 모두 같은 상황에 있던 같은 백성들에게 말씀을 전했습니다. 그러나 그들 중 일부는 참 선지자들이었고, 일부는 거짓 선지자들이었습니다.

이스라엘 자녀들 안에서도 근본적인 불일치가 있었습니다. 그래서 사도 바울도, '이스라엘에게서 난 그들이 다 이스라엘이 아니라'고 말할 수 있었습니다(로마서 9:6). 어떤 사람은 이스라엘 나라의 백성이면서도 참된 이스라엘인이 아니었던 것입니다. 아벨과 가인 간의 이러한 차이점, 즉 참과 거짓이 구약성경 전체를 관통해 흐릅니다.

물론 신약성경에서도 우리는 동일한 것을 발견할 수 있습니다. 사복음서 속에서도 참된 예배자와 거짓 예배자를 볼 수 있습니다. 우리 주님께서는 이것을 세리와 바리새인의 비유로 그려주셨습니다. 이 두 사람 모두 기도하러 성전에 들어갔습니다. 같은 성전 안에 두 사람이 있었던 겁니다. 두 사람 모두 하나님께 기도하고 하나님을 예배하였지만 우리 주님께서는 오직 한 사람만이 그분의 복된 집에 들어가게 되고 의롭다함을 받게 되었다고 말씀하셨습니다. 우리가 관심을 가져야 할 바로 그 부분이 있었던 것입니다.

우리가 단지 하나님의 집에 있다는 단순한 사실만으로는 어떤 것도 말할 수 없습니다. 거짓된 자 뿐만 아니라 참된 자도 참석할 수 있기 때문입니다. 우리 자신이 참되다는 것을 어떻게 확신할 수 있을까요? 우리가 하나님 보시기에 사랑스러운 사람이라는 것을 어떻게 알 수 있습니까?

사도 바울이 갈라디아서 4장에서 이와 동일한 대조를 어떤 식으로 표현했는지 주목하시기 바랍니다. 그는 언제나 두 개의 예루살렘이 있다고 말했습니다. 지상 위의 예루살렘과 지상에 있는 예루살렘이 바로 그것입니다. 그는 하갈과 사라 사이의 차이점과 같은 이런 반목(反目)이 항상 끊이지 않는다고 말했습니다. 거짓된 것은 언제나 참된 것을 반대합니다. 그는, 가인은 언제나 아벨과 반대였다고 말했을 것입니다.

그리고 동일한 나뉨이 기독교회의 역사를 이어 관통해 나갑니다. 이런 나뉨이 외면적 그리스도인과 참 그리스도인 사이에, 그리고 자신이 하나님의 백성이라는 것을 아는 사람들과 모르는 사람들 사이에 항상 있었습니다. 그들이 지상에서 일치하는 모습을 보일지라도, 그들은 절대적으로 다른 사람들인 것입니다.

예배드리러 나아가는 두 가지 모습

다음과 같은 질문 속에서 두 번째 원리가 발견됩니다. 차이점의 원인은 무엇인가? 그리고 가인과 아벨이라는 이 하나의 실례가 우리에게 그 열쇠를 제공합니다. 이것은 이들 두 사람 간의 차이점들을 살펴볼 때 알 수 있는 것으로, 즉 어떻게 하나님께서 보시기에 기쁨이 되는 사람이 될 수 있을까와 하나님께서 우리의 아버지이시며 그분은 우리를 기뻐하신다는 증거, 그리고 하나님께서 다른 사람에게는 주지 않으시고 자신의 백성들에게 주시는 증거를 어떻게 얻을 수 있는지에 대한 모든 비결을 알게 됩니다.

그러므로 그 차이점들을 살펴보도록 합시다. 그 차이점들은 가인과 아벨의 예배드리러 나아가는 모습에서 볼 수 있습니다. 또한 이것은 세 가지 주제로 나눌 수 있습니다.

권위에 대한 다른 관점

그 첫 번째는 권위에 대한 다른 관점입니다. 저는 하나님을 예배하고 싶습니다. 가인과 아벨도 하나님을 예배하고 싶어했습니다. 그러나 한 명은 하나님을 어떻게 예배했습니까? 여러분이 이 질문을 던지는 바로 그 순간, 여러분은 첫 번째 차이점을 보게 됩니다.

최종분석을 하자면, 하나님을 예배하는 데에는 오직 두 가지 방법만 있을 뿐입니다. '자아로 드리느냐, 믿음으로 드리느냐' 이 두 가지 방법뿐입니다. '믿음으로 아벨은 가인보다 더 나은 제사를 하나님께 드렸습니다' (4절). 아벨은 믿음으로 하나님을 예배했다고 했습니다. 가인은 그렇게 하지를 못했습니다. 그렇다면 가인이 그렇게 하도록 이끈 것은 무엇이었습니까? 자, 이 문제로 어려워할 것은 없습니다. 바로 가인은 어떻게 해야 할 지를 스스로 결정했던 것입니다. 믿음으로 반응한 사람과 자신이 추론한대로, 자신이 이해한 대로, 자신의 생각대로 반응한 사람 간의 대조가 바로 이것입니다.

이 시점에서 이 '믿음'이란 말은 중요합니다. 이 말은 모든 것의 열쇠가 되는 말입니다 ― '믿음으로 아벨은…' 이라고 말씀했듯이 말입니다. 이 말씀이 단순히 의미하는 것은, 아벨은 자신이 가르침을 받은 대로 행동했다는 것입니다. 이들 두 형제가 자신의 부모로부터 가르침을 받았다는 것에 대해서 전혀 의심할 것이 없습니다. 이들의 부모는 또한 하나님으로부터 배웠습니다. 즉 이들 두 형제는 같은 가르침을 이어 받은 것입니다. 그러므로 여기서 알 수 있는 것은, 아벨은 그 가르침을 믿었고, 그가 배운 이 가르침의 방법대로 하나님께 나아가면서 행동했던 반면, 가인은 그렇게 하지 않았다는 것입니다.

여러분도 보시는 것처럼 아벨은 동물 제물을 드린 반면, 가인은 자신이 거둔 땅의 열매, 즉 곡물을 드렸습니다. 즉 동물도 없었고, 피 흘림도 없었으며, 희생제사도 없었던 것입니다. 그 점이 다른 점이었습니다. 그리고 이것은 가르침에 순종하였는가, 불순종하였는가의 차이점이기도 합니다.

이 원리는 과거와 마찬가지로 오늘날에도 참된 원리입니다. 성경의 모든 목적은 우리를 하나님께 나아가는 방법과 그분을 예배하는 방법을 가르치는 데에 있습니다. 성경은 하나님의 가르침을 제공합니다. 즉 그분을 어떻게 알게 되는가, 그분은 어떤 예배를 받으시는가, 그분이 보시기에 참으로 기뻐하시는 것은 무엇인가에 대한 가르침 말입니다. 이 가르침은 완벽하게 분명합니다. 그분은 이 가르침을 가인과 아벨에게 앞서 주셨듯이 우리에게도 앞서 주셨습니다.

그러므로 사람들이 하나님의 눈에 기쁨이 되게 하는 첫 번째 비결은 바로 순종입니다. 그런 사람들은 자기 생각대로 행동하지 않습니다. 우리들 각자는 하나님께 나아가는 데 있어서, 그리고 종교의 문제라는 이 두 가지 입장에서 하나입니다. 우리는 성경이 하나님의 말씀이라는 것과 우리 자신을 철저히 성경의 가르침에 복종해야함을 믿습니다. 이렇게 하지 않으면 우리는 성경을 우리의 생각과 이해와 지식이 옳다고 판단하는 데로 취하게 됩니다.

그런데 가인은 분명히 이 두 번째 과정을 취한 것입니다. 그 여파로 그는, '그래, 나도 하나님을 예배하고 싶어. 나도 그분의 선하심을 인정하고 싶단 말이야. 그래서 이 방법이 바로 그것을 표현하는 방법이라고 생각해.' 라고 생각했습니다. 그래서 그는 하나님께 땅의 열매 중 일부를 드리게 된 것입니다. 우리가 모르긴 몰라도, 이것은 꽤 근사한 제물이 되었을 것입니다. 그러나 우리가 분명히 알 수 있는 것은, 이것은 가르침을 받은 대로 드린 것이 아니었다는 것입니다. 그는 믿음으로 행동하지 않았습니다. 그는 이미 주어진 계시에 자신을 복종시키지 않았던 것입니다.

이제 이쯤에서 제가 이 문제를 짚고 넘어가는 것은 아주 중요합니다. 하나님께서 가르쳐주신 방법대로 하나님을 예배하지 않으면 여러분은 절대로 참된 구원의 확신을 얻지 못할 것입니다.

확신에 대한 첫 번째 비결은 하나님의 계시에 복종하는 것입니다. 일부 사람들은, "물론 요즘 같은 시대에는 더 이상 사도 바울이 말한 것을 믿지 않습니다. 그 사람은 단지 그 시대의 사람이 아니었습니까. 예수 그리스도도 자신이 살던 시대의 사람이었고요. 그가 무엇을 알았겠습니까?"라고 말합니다. 만일 여러분이 그런 식으로 말한다면 여러분은 절대로 구원의 확신을 얻지 못할 것입니다. 절대로! 여러분 자신이 하나님께 어떻게 나아가고 어떻게 예배해야 하는지 성경이 알고 있는 것보다 더 많이 알고 있다고 생각한다면, 여러분은 이미 자신을 몰아붙여 가인편에 속하도록 만든 셈입니다. 그렇지만 아벨편은 아닙니다.

우리는 하나님께서 좋아하시겠거니 하는 식으로 추측해서는 안 됩니다. 우리는, "그분은 이쪽에도 저쪽에도 계시지 않아. 그분은 더 깊은 곳에 계시지."라는 말을 꺼내서도 안 됩니다. 우리는 하나님에 대하여 우리가 가진 철학적 사고를 끌어 오면 안 됩니다. 그것은 해서는 안 될 짓입니다. 우리는, "하나님에 대하여 우리가 알 수 있는 것은 없어. 그분을 알아낼 수도 없지. 하나님은 무한하시고 영원히 계시고, 영원하신 분이시니까. 그분이 친히 성경을 통해 우리에게 계시하신 것 외에는 하나님을 알 수 있는 길은 없어. 우리는 철저하게 성경에 복종해야 돼."라는 말로 시작해야 합니다. 그것이 바로 믿음의 시작입니다.

다른 영

두 번째로, 가인과 아벨이 하나님께 예배했을 때, 그들의 영에도 차이점이 있었습니다. 가인의 경우를 보면, 그에게 있어 예배는 형식의 문제였다는 점이 아주 분명합니다. 그는 그냥 하나님을 인정하기를 원했던 것입니다. 그리고 그가 받았던 이익 때문에 감사를 드리고 싶어 했던 것입니다. 그리고 더 이상 진전이 없어 보입니다. 그는 이렇게 말한 셈입니다. "바로 이거야. 좋은 곡식을 드렸어. 잘 드린 셈이지. 이것으로 하나님을 인정한 셈이야."

그러나 이것은 형식에 지나지 않습니다. 믿음을 수반한 것이 없습니다. 이런 식으로 하나님께 예배하는 사람들이 많습니다. 심지어는 오늘날에 이르기까지 이런 식으로 예배를 드리는 사람들이 많습니다. 그저 공적인 예배에 참석하는 것으로 나는 할 일을 다 했다는 식으로 생각하는 사람들 말입니다. 즉 이런 사람들은 자신들이 하나님을 공경하는 모습을 외적인 행동으로 보여준 것으로 할 일을 다 마쳤다고 생각합니다. 그들은 그렇게 자신들이 생각하는 대로 행동하고 살아갑니다. 여러분은 그런 그들이 진짜 그리스도인이라고는 상상하지 않으실 것입니다. 그들은 진짜 그리스도인이 아닐 것입니다. 그들은 형식적인 예배자들일 뿐입니다. 가인이 자신이 드릴 제물을 취한 것처럼 이런 사람들은 주일날 하루만 예배드리러 갑니다. 그것도 아니라면 일 년에 한 번 정도 나올까요? 가인이 그랬던 것처럼 지금이나 추수감사주일, 맥추주일, 아니면 그 밖에 다른 감사를 드릴 날에 다시 오겠지요. 그들은 땅의 열매를 취하여 드리고, 이것으로 하나님을 인정하였기 때문에 자신이 아주 잘했다고 느낄 것입니다.

저는 심지어 여전히 기독교 신앙의 모든 것을 거부하는데도 자신은 기도하는 사람이라고 말하는 많은 사람들을 알고 있습니다. 그들은, "저는 언제나 하나님을 믿는 사람이에요. 저는 기도 안 하는 사람이 아니에요. 특별한 날은 설교도 듣고 싶어 하고, 이따금씩 종교 서적도 읽으려고 해요."라고 말합니다. 그들은 하나님을 인정합니다. 그러나 그 인정이라는 것이 지극히 형식적이고 피상적입니다. 우러나오는 마음으로 하지 않습니다. 믿음이 수반되지도 않습니다. 기쁨도 없고, 온전함도 없습니다. 그들은 구원의 확신이나 구원이 주는 축복들 같은 것은 알지도 못합니다.

그러나 아벨은 그가 드릴 수 있는 최고의 것을 드렸습니다. 아벨의 마음과 영이 수반되었습니다. 그는 자신의 노력으로 드리지 않았습니다. 가르침을 받은 대로 산 제물을 드렸습니다. 모든 예배의 영과 그 접근 방법에서 확연한 차이가 있었던 셈입니다.

다른 이해

그러나 세 번째로, 가장 중요한 것은 가인과 아벨은 하나님께서 원하시는 것에 대하여 서로 다르게 이해했다는 것입니다. '믿음으로 아벨은 가인보다 더 나은 제사를 하나님께 드렸다'고 했습니다. 어째서입니까? 아벨은 가르침을 이해했기 때문입니다. 왜 아벨은 짐승을 취하여 이 짐승을 죽이고 그 피를 드렸을까요? 그가 그렇게 하도록 한 것은 무엇이었습니까? 자신이 그렇게 생각했기에 그렇게 한 것이었을까요? 아니오, 아닙니다. 이것은 '믿음으로' 한 일이었습니다. 그는 그렇게 믿음으로 행동한 것입니다.

믿음이 의미하는 것은, '계시에 반응한다'는 뜻입니다. 바로 이것이 모든 성경의 시작과 마지막에 이르기까지 말씀하는 믿음의 의미입니다. 믿음의 사람들은 바로 하나님을 믿은 사람들입니다. 이것은 그들 모두의 비결이기도 했습니다. 아벨이 그 첫 번째였습니다. 그는 그 가르침을 믿었으며, 그 가르침대로 행동하였습니다.

그 가르침은 무엇이었을까요? 이 문제도 하등 어려워할 것이 없는 문제입니다. 바로 하나님을 예배하는 일에 있어서, 그리고 그분께 나아가는 일에 있어서 우리는 반드시 희생제물을 드려야 한다는 것입니다. 바로 생명을 드리는 일입니다. 그리고 생명은 피에 있기 때문에 그 희생제물은 반드시 피를 흘리는 희생제물이어야 했습니다.

우리는 이 가르침의 힌트를 창세기 3장에서 볼 수 있습니다.

아담과 하와가 타락한 후에, 하나님께서는 동산에서 그들에게 말씀하셨습니다. 그들에게 위대한 약속을 해주셨습니다. 그분은 여자의 후손과 뱀의 후손 사이에 적대감을 두실 것이라고 말씀하셨습니다. 그리고 여자의 후손은 뱀의 머리를 부술 것이지만, 그렇게 머리를 부술 때 여자의 후손은 발꿈치가 상하게 될 것이라고 말씀하셨습니다(창세기 3장 15절을 보십시오).

바로 주 예수 그리스도가 '여자의 후손' 이셨습니다. 그러므로 이 첫 번째 예언은 바로 갈보리 언덕에서의 그분의 죽음에 대한 예언이었습니다. 그분이 승리하실 것이라는 예언이었습니다. 그렇습니다. 그러나 그분은 상처를 입으시고 상하시게 될 것이었습니다. 이것이 그분이 지불하셔야할 일이었습니다. 고통도 따르게 될 일이었습니다. 피 흘리심도 있게 될 일이었습니다. 이 말씀이 태초부터 있었던 것입니다.

희생제물의 제도를 하나님께서 아담과 하와에게 만들어 입히셨던 가죽옷으로 보는 사람들도 있습니다. 하나님께서는 벌거벗은 아담과 하와에게 짐승의 가죽으로 옷을 만들어 입히셨습니다. 그 가죽은 바로 죽음의 결과였고, 피 흘림의 결과였습니다. 다른 말로 표현하자면, 그리스도의 의가 예표된 것입니다. 우리는 그리스도께서 우리를 위해 죽으신 후에, 그분의 의로 옷 입었을 뿐입니다. 바로 이런 가르침의 희미한 윤곽이 있었던 것입니다.

그러므로 아벨이 이 가르침을 믿었다는 것은 아주 분명합니다. 반면에 가인은 이 가르침을 믿지 않았던 것입니다. 가인은,

"나는 하나님을 예배하러 가는 길이야. 잘 될 거야. 곡물 중에서도 최상급을 드릴 거니까. 이것들을 하나님께 드리면 이것들을 보시고 기뻐하셔서 모든 것이 형통하게 될 거야."라고 말했습니다.

그러나 아벨은, "아니야, 그러면 안 돼. 그것으로는 충분치 않아. 우리는 죄인들이야. 그래서 우리가 하나님께 최고의 것을 드려도 그것은 가치가 없어. 또 하나님께서는 받지 않으신다고 우리에게 말씀하셨어. 죄는 심판을 받아야 돼. 그리고 그 심판은 바로 죽음이야. 하나님께서는 우리를 위해 죽으실 분을 보내실 것을 이미 예시하셨어. 그래서 우리가 하나님께 나아가려고 할 때 기억해야 할 것이 있어. 하나님께서는 우리에게, 짐승을 잡아다가 우리의 손을 그 짐승에 얹어놓아 우리의 죄가 짐승에게 옮겨지게 하고, 그 짐승을 죽이고 피를 취해서 하나님께 드리라고 가르쳐주셨어. 이 방법이어야만 해."라고 말했던 것입니다.

다른 말로, 아벨은 하나님 앞에서 자신이 죄인이라는 사실을 의식했던 것입니다. 그는 하나님 앞에서 자신의 죄와 허물과 부끄러움과 함께 그분의 완전한 요구를 깨달았던 것입니다.

그는 자신이 전적으로 하나님의 자비에 의존해야 함을 깨달았습니다. 그는 마치 "하나님이여, 불쌍히 여기옵소서. 나는 죄인이로소이다."라고 말했던 세리와 같았습니다(누가복음 18:13). 그와는 반대로, 가인은 자신이 수확한 것으로 드릴 수 있으며, 이것은 하나님께서 받으실만한 것이라고 생각하면서 자기 의와 자기 확신을 가지고 일을 진행하였습니다. 우리는 즉시로 이러한 불일치를 보게 되는 것입니다.

이렇듯 이런 사항들은 너무나 중요합니다. 히브리서 기자는 가인과 아벨을 이 확신의 문제와 연결하여 우리에게 말하고 있습니다. 아벨에게는 확신이 주어졌습니다. 가인에게는 그렇지 않았습니다. 그리고 예배를 위한 이들의 접근법에서 우리는 이 모든 것의 비결을 알게 됩니다.

여러분은 자신을 하나님의 계시와 구원에 대한 그분의 방법에 철저히 복종시키십니까? 여러분은 하나님 앞에서 자신이 다른 사람들과는 좀 다르다고 생각하는 바리새인과 같지는 않습니까? 여러분은 하나님의 성소에 들어갈 때 하나님께 필요한 것을 지불하고 있다고 느끼십니까? 여러분은 자신의 예배 행위와 하나님을 형식적으로 인정하는 것을 의존하고 있지는 않습니까? 그것은 헛된 짓입니다! 철저하게 배격해야만 합니다!

하나님을 예배하러 나아가는 것에는 오직 한 가지 방법만 있을 뿐입니다. 그 방법은 자신이 더러운 죄인으로서 자신의 철저한 죄악됨과 정죄 받은 것을 인식하면서, 오직 예수 그리스도와 그분이 당신과 당신의 죄들 때문에 갈보리 언덕의 십자가에서 생명을 버리신 것만을 바라보고 의지하는 것입니다.

'피 흘림이 없은즉 사함이 없느니라' (히브리서 9:23).

하나님의 임재 안으로 들어가는 길은 오직 한 가지 방법만 있을 뿐입니다. 우리가 모든 거룩한 곳으로 담대하게 나아갈 수 있는 방법은 오직 이 한 가지 방법 밖에 없습니다. 그리고 이 방법은 히브리서 기자가 10장 19절에 이미 기록한 대로 '예수의 피를 힘입어' 나아가는 방법입니다 ― 이 방법이 바로 아벨이 했던 방법입니다. 이 방법이 아니면 확신이 무엇이든 간에 소망이 없는 것입니다. 이 역사의 첫 여명기에 이 방법이 벌써 영원히, 단번에 주어졌던 것입니다.

두 가지 반응

그러나 두 부류의 예배자에서 볼 수 있는 다른 반응들을 설명함으로써 마치고자 합니다.

가인과 그의 제물

의심할 여지없이, 가인은 자신이 아주 잘 하고 있다고 생각했습니다. 그는 자신이 준비한 제물을 드렸을 때 자아도취에 빠졌습니다. 바로 이것이 언제나 거짓 신앙고백자, 거짓 예배자의 비극입니다. 즉 그는 바리새인처럼 자아도취에 빠진 셈입니다. 우리 주님께서 그려주신 장면을 다시 보시기 바랍니다.

'바리새인은 서서 따로 기도하여 가로되 하나님이여 나는 다른 사람들 곧 토색, 불의, 간음을 하는 자들과 같지 아니하고 이 세리와도 같지 아니함을 감사하나이다. 나는 이레에 두 번씩 금식하고 또 소득의 십일조를 드리나이다' (누가복음

18:12-13).

이 장면은 바리새인이 자기 자신과 자신의 형식적인 행위를 매우 대견스러워하며 자기만족과 자아로 가득한 채, 앞으로 나아가 스스로를 축복하고 있는 모습입니다.

거짓 예배자들은 얼마동안 자신의 제물이 받아들여졌다고 스스로를 설득하겠지만 진짜 확신은 절대로 알지 못하는 자들입니다.

우리는 우리가 받아들여졌다는 사실에 대한 하나님의 증거를 가져야 합니다. 우리에게는 성령께서 우리의 영과 더불어 우리가 하나님의 자녀라는 것을 증거해 주시는 것이 필요한 것입니다. 우리는 '바로 내가 그 사람이라'고 우리 스스로를 설득시킬 수 있습니다. 그러나 그것은 하나님으로부터 받는 '분명한 확신'을 원하는 나를 만족시켜주지 못 할 것입니다.

하나님께서 우리에게 우리가 그분의 자녀임을 증거해 주시는 바로 그 증거가 필요한 것입니다. 가인은 이 증거를 갖지 못했습니다. 바리새인도 이 증거를 갖지 못했습니다. 거짓 신앙자들은 결코 이것을 가진 적이 없습니다. 자기 자신의 예배 행위를 믿는 사람들은 결코 이 증거를 가진 적이 없는 것입니다.

우리는 그런 행위들을 넘어서야만 합니다. 하나님께서는 단지 자신이 기뻐하시지 않는 그런 사람들만 말씀하신 것이 아닙니다. 궁극적으로 하나님께서는 그런 그들을 기뻐하시지 않으며, 그런 행위들을 끔찍한 것으로 보신다고 말씀하신 것입니다. 바로 이런 점을 옛 기사에서는 극적인 방식으로 표현하였습니다. 성경은 '아벨은 자기도 양의 첫 새끼와 그 기름으로 드렸더니 여호와께서 아벨과 그 제물은 열납하셨으나 가인과 그 제물은 열납하지 아니하신지라 가인이 심히 분하여 안색이 변하니'(창세기 4:4-6)라고 말씀하십니다.

하나님께서는 거짓 예배자, 위선적인 기독교는 끔찍한 것으로 보십니다. 모든 것이 잘 되어가고, 물 흐르듯이 흘러간다고 생각할지 모르겠지만, 우리가 살아있다는 것 만큼이나 확실한 것은, 하나님께서는 이런 예배를 싫어하시며, 기뻐하지도 않으신다는 것입니다. 하나님께서는 이러한 점을 언제나 알려 오셨습니다. 그분은 자신의 이런 반감을 나타내시는 것을 늦추시기도 하고, 어느 때는 그냥 지나치기도 하셨습니다. 그렇지만 그렇게 하셨을지라도, 언제나 이런 점을 알려 오셨습니다. 거짓이 주는 행복의 삶은 짧습니다. 곧 그 밑바닥을 드러냅니다. 밑바닥을 드러내는 그 날은 끔찍한 날이 될 것입니다.

가인은 바로 그 바닥이 드러났음을 깨닫게 된 것입니다. 우리는 '그의 안색이 변했다'는 것을 보았습니다. 그는 온통 분노로 가득했습니다. 그는 이렇게 말한 셈입니다. "제가 수고한 것을 보십시오. 제가 드린 제물을 보시란 말입니다! 하나님께서는 대체 뭐가 못 마땅하신 겁니까? 왜 저를 축복하시지 않습니까?" 하나님을 향한 그 적개심이라니! 그의 영은 항상 그릇된 상태였습니다. 그는 사실 하나님을 전혀 몰랐던 셈입니다. 그는 언제나 자아도취에 빠져있었던 것입니다. 그런데 여기서 그는 그 비참한 상태를 드러냈으며, 뒤이어 더 나쁜 짓을 저지르게 되었습니다.

반복해서 말씀드리지만 하나님께서는 그런 식의 예배를 기뻐하지도 않으실 뿐만 아니라 끔찍한 것으로 보십니다. 그리고 언제나 그 불쾌감을 알려 오셨습니다.

여러분은 마지막 날에 이런 사람들에게 말씀하실 주님의 그 무시무시한 말씀을 기억하십니까? 주님께서는, '그 날에 많은 사람이 나더러 이르되 주여 주여 우리가 주의 이름으로 선지자 노릇하며 주의이름으로 귀신을 쫓아 내며 주의 이름으로 많은 권능을 행치 아니하였나이까 하리니 그 때에 내가 저희에게 밝히 말하되 내가 너희를 도무지 알지 못하니 불법을 행하는 자들아 내게서 떠나가라 하리라'(마태복음 7:22-23)고 말씀하시지 않았습니까?

이런 사람들은 자신들의 행위를 기뻐하는 자들입니다. 이 사람들은 자신들이 주님의 이름으로 일을 해왔다고 말했습니다. 그러나 주님께서는, '나는 너희를 한 번도 안 적이 없다. 나는 너희들에게 해줄 것이 아무 것도 없다' 고 말씀하십니다. 이 사람들은 한 번도 확신을 가진 적이 없었던 셈이며, 현재 우리가 아는 것은 이들이 쫓겨나 멸망에 이르렀다는 것입니다.

다른 예로써 어리석은 다섯 명의 처녀들의 경우를 살펴봅시다. 그들은 신앙고백도 하는 믿는 자들로서, 결혼 파티를 기대하고 있었습니다. 그러나 그들이 문을 두드렸을 때 문은 열리지 않았습니다. 그래서 그들은 그렇게 계속 바깥에 있게 되었습니다. 바로 여기에 전(全) 성경을 관통해 흐르는 끔찍한 교훈이 있습니다. 가인과 같은 부류의 사람들은 참된 확신을 가져본 적이 없었던 사람들이며, 항상 그 결말은 고통과 수치스러움과 멸망이라는 사실입니다.

아벨과 그의 제물

하나님께서는 참된 사람들에게 자신의 즐거움을 나타내십니다. '(아벨은) 의로운 자라 하시는 증거를 얻었으니 하나님이 그 예물에 대하여 증거하심이라.' 하나님께서 어떻게 하셨다고요? 사실 그것이 문제가 아닙니다. 하나님의 불이 제단 위의 제물에 임하는 것이 증거라고 믿는 사람들이 있습니다. 그런 일이 이루어졌던 적도 있었을 것이고 그렇지 않았던 적도 있었을 것입니다.

그러나 제가 알고 있는 것은, 여러분이 드린 제물이 참된 것이라면, 하나님께서 여러분으로 하여금 그 사실을 알도록 하실 것이라는 것이 성경 전체에서 가르치는 원리라는 것입니다. 여러분이 올바른 방법으로 한다면, 하나님께서는 여러분에게 무언가 마음의 만족함을 주실 것이라는 말입니다. 순수한 평안이 있게 될 것입니다. 그리고 여러분은 그 평안이 하나님께서 주신 것이라는 것을 알게 될 것입니다. 하나님께서는 항상 여러분에게 증거를 주실 것입니다. 하나님께서 여러분의 선물이 받아들여졌음을 증거 해 주실 것입니다. 그리스도의 보혈로 호소하며 회개하는 사람은 누구든지 어떤 확신을 받을 것입니다.

그러나 그런 필요성을 못 느낀다는 것은 이 문제에 대하여 가볍게 생각하며 살고 있다는 것을 의미합니다. 아벨에게 일어난 일을 기억하시기 바랍니다! 아벨이 올바른 것으로 드리는 바로 그 순간, 그의 형은 질투하고 시기하게 되었습니다. 가인은 아벨을 핍박하였고, 마침내 그를 살해하였습니다. 그러므로 이것은 어떤 면에서 우리가 그리스도인인지 아닌지를 훌륭하게 테스트하는 것이 됩니다.

만일 사람들이 여러분에게 당신은 매우 진지하게 기독교를 따르고 있다고 말한다면, 여러분은 자신이 그리스도인이라는 매우 선한 증거를 가지고 있는 셈입니다. 만일 형식적인 종교인이 여러분에게 당신은 좀 요란하게 믿는 것 같다고 말하거나, 그가 여러분을 종교적인 혐오심으로 미워하여서 현재 고통 받고 있다면 그러한 사실로 인해 감사하십시오. 그는 여러분이 아벨이며, 자신은 가인이라는 것을 증거하고 있는 셈입니다. 만일 어떤 사람들이 '그냥 착하게 살면 되지, 도대체 왜 피에 대한 것을 들먹이고 있는가?' 라고 말한다면, 여러분은 아벨이고 그들은 가인인 셈입니다. 성경을 보면, 올바르고 참된 신앙고백자들은 핍박을 받았었고 거짓 신앙고백자들에게 미움을 샀었습니다.

여러분이 형식적인 신앙고백자로 남아있는 한, 여러분은 절대로 핍박을 받지 않을 것입니다. 그러나 여러분이 한 번이라도 참된 신앙고백자가 되거나 여러분이 한 번이라도 마음 속에 그리스도의 지식을 소유하게 되었다면, 그리고 여러분이 한 번이라도 참된 하나님의 자녀가 된다면, 여러분은 어떤 사람들이 여러분들을 향하여 적의를 드러내고 있음을 발견하게 될 것입니다. 그들은 도리어 여러분을 저주할 것이며, 어떻게 해서든지 여러분을 파멸시키고자 어떤 짓을 하려 들 것입니다. 심지어 그들은 가인이 아벨에게 했던 짓을 할지도 모릅니다. 이런 일이 교회사에서 심심찮게 일어났었습니다. 교회는 그런 일을 당해 왔습니다. 참된 그리스도인을 핍박한 형식적인 신앙고백자는 심지어 핍박을 넘어 죽음으로까지 몰고 갔습니다. 그것은 끔찍한 일이었지만 사실이 그러했습니다. 그것이 교회의 역사였습니다.

그러므로 저는, 단지 여러분이 하나님께 참된 제물을 올바른 방식으로 드리기만 한다면 만사형통일 것이라고 말하기 위해 이 자리에 있는 것이 아닙니다.

히브리서 11장에서 언급된 사람들은 끔찍한 고난거리들을 가졌던 사람들입니다. 그러나 그들은 승리했습니다. 그 이유는 무엇입니까? 그들은 자신들이 하나님의 자녀들이라는 것을 알았기 때문입니다. 그들은 다음과 같이 말한 사람들입니다.

사람들이 나를 괴롭히고 압박할지라도,
오직 주님께서 호흡하시는 곳에 이르게 될지니.

헨리 프랜시스 라이트(Henry Francis Lyte)

나의 평생의 길이 강 같은 평화와 같이 순탄하든지,
큰 풍파와 같은 슬픔에 휩싸이든지
내가 어느 곳에 있든지,
주님께서는 나에게 이렇게 가르치셨다네.
내 영혼 평안해, 내 영혼 평안해.

호라티오 게이츠 스패포드(Horatio Gates Spafford)

다른 것은 문제될 것이 없습니다. 오직 이것만 있다면! 바로 여러분이 하나님의 자녀이며, 하나님께서 그것을 증거해 주셨다면, 그리고 지옥이 풀려나고 모든 것이 여러분을 대항할지라도 여러분은 그분을 바라보면서 이렇게 말할 수 있을 것입니다. '"주님, 당신의 자비가 생명보다 낫습니다." 나를 죽일 수 있다면 죽여라. 나를 기분 내키는 데로 다루고 싶다면 그렇게 다루어라.

그러나 그 어떤 것도 내가 하나님의 자녀이므로 주님과 함께 영원한 즐거움에 들어갈 것이라는 사실을 빼앗지는 못할 것이다.'

오, 우리 주님께서는 제자들을 보내시면서 이렇게 말씀하셨습니다.

'몸은 죽여도 영혼은 능히 죽이지 못하는 자들을 두려워하지 말고 오직 몸과 영혼을 능히 지옥에 멸하시는 자를 두려워하라' (마태복음 10:28).

아니오, 아닙니다. 우리는 편하게 살 것이라는 약속을 받은 것이 아닙니다. 그러나 여러분이 아벨이 한 것처럼 하나님께 나아간다면, 하나님께서는 여러분을 참으로 기뻐하신다고 말씀하실 것입니다.

　모든 세상이 여러분을 비웃고 바보 취급한다면 그렇게 하라고 하십시오. 여러분을 모욕하고 핍박하고 죽이려고까지 한다면 그렇게 하라고 하십시오. 그것이 문제가 아닙니다. 문제는, 주님께서 여러분에게 여러분은 주님께 속하였고, 주님의 사랑스런 자녀이며, 주님께서는 절대로 여러분을 떠나거나 버리지 않으실 것이라고 말씀하실 것인가에 대한 것입니다. 메시지는 바로 이것입니다.

　'저가 죽었으나 그 믿음으로써 오히려 말하느니라' (히브리서 11:4).

　그러므로 저는 여러분에게 한 가지 질문을 남겨드립니다. 아벨이 여러분에게 말하고 있습니까? 지금까지도 아벨이 여러분에게 말하고 있습니까? 그가 여러분에게, 하나님께서 참으로 받으실 방법은 오직 한 가지 밖에 없으며, 오직 그 길을 통해서만 당신은 실제적이고 지속적인 확신을 얻을 수 있으며, 그 길은 바로 참된 영과 정직과 열린 마음으로 철저하게 예수 그리스도와 예수 그리스도께서 십자가에 못 박히신 것만을 절대적으로 의지하라는 계시에 복종하는 것이라고 말하고 있습니까?

　'그 아들 예수의 피가 우리를 모든 죄에서 깨끗하게 하실 것이요' (요한일서 1:7).

　이것이 바로 아벨이 우리에게 말하고 있는 메시지인 것입니다. 우리는 이 메시지를 듣고 있는 중입니까? 우리는 이 메시지를 배워왔습니까? 우리 자신을 드리는 것만으로는 충분하지 않습니다. 단지 예배만 드리는 것만으로는 충분하지 않습니다. 가장 거룩한 곳으로 들어가는 길은 오직 한 가지 방법을 통해서만 됩니다. 바로 예수님의 피를 통해서입니다. 만일 여러분이 그렇다고 인정한다면, 하나님께서도 여러분을 인정하실 것이며, 여러분에게 여러분은 그분의 자녀이며 그분이 보시기에 여러분은 참으로 기쁨을 드리는 자라는 증거를 주실 것입니다.

2장

에녹
하나님과 동행한 사람

영접하는 자 곧 그 이름을 믿는 자들에게는
하나님의 자녀가 되는 권세를 주셨으니
이는 혈통으로나 육정으로나 사람의 뜻으로 나지 아니하고
오직 하나님께로서 난 자들이니라
(요한복음 1:12-13)

믿음으로 에녹은 죽음을 보지 않고 옮기웠으니
하나님이 저를 옮기심으로 다시 보이지 아니하니라
저는 옮기우기 전에 하나님을 기쁘시게 하는 자라 하는 증거를 받았느니라
믿음이 없이는 기쁘시게 못하나니
하나님께 나아가는 자는 반드시 그가 계신 것과
또한 그가 자기를 찾는 자들에게 상 주시는 이심을 믿어야 할지니라
(히 11:5-6)

사람들이 나를 괴롭히고 압박할지라도,
오직 주님께서 호흡하시는 곳에 이르게 될지니.

- 헨리 프랜시스 라이트(Henry Francis Lyte) -

여러분에게 상기시켜드리고 있는 바, 우리의 기본적인 주제는, 이 세상에 살고 있는 우리에게 있어서 우리가 하나님의 자녀라는 것을 아는 것보다 더 중요한 것은 아무 것도 없다는 것입니다. 이것은 다음과 같은 두 가지 중요한 이유 때문에 맞는 말입니다.

첫 번째로, 우리가 이 확신을 얻지 못하면 그리스도인의 삶을 즐거워할 수 없다는 것이고, 두 번째로는, 이보다 더 중요한 것으로써, 우리가 그리스도인의 행동들에 대하여 제대로 알지 못하거나 우리가 과연 누구인가도 제대로 모른다면, 진실하게 하나님의 자녀의 역할을 할 수 없다는 것입니다.

우리는 악한 세상에 살고 있으며, 여러분과 제가 해야 할 일은 이 세상에 더 좋은 길이 있다는 것을 보여주는 것입니다 ─ 그것은 바로 하나님의 길입니다. 그러므로 우리의 책임은 막중합니다. 우리는 우리 자신의 형편과 상태를 살펴보아야 할 뿐만 아니라 안정이 되어야만 하겠습니다. 그렇게 될 때 우리는 우리를 둘러 싼 이 세상에서 하나님과 주 예수 그리스도를 대표할 수 있게 됩니다.

사도 바울은 빌립보서에서, 그리스도인들은 '빛들로 나타내며 생명의 말씀을 밝히는' 사람들이라고 말씀했습니다(빌립보서 2:15-16). 그리스도인들은 '흠이 없고 순전하여 어그러지고 거스리는 세대 가운데서 하나님의 흠 없는 자녀들' 인 것입니다(빌립보서 2:15) ─ 이 말씀은 현 시대에서도 그리스도인을 참되게 묘사한 말씀입니다.

이제 우리는 단순히 어그러진 것을 알려주는 일만 하는 것이 아니라, 더 좋은 것과 더 영광스러운 길이 있음을 보여주는 하늘의 발광체로서 '빛과 같이 빛나야' 하겠습니다. 그런 과업을 이루기 위한 첫 번째 단계는 우리가 하나님의 자녀라는 사실에 대하여 확신을 가지는 것입니다. 확신이 없는 그리스도인은 덕을 세우지 못합니다. 그들은 하나님과 주 예수 그리스도를 대표할 수도 없습니다. 그들은 온통 자기 자신을 들여다보는데 모든 시간을 보낼 것이기 때문입니다. 즉 바깥 세상에 대한 자신의 책임에 대해 고려해보기 보다는, 자기 자신에 대하여 심사숙고하고, 자신을 위해 뭔가 도움이 될 만한 것을 원하는데 모든 시간을 보낼 것입니다.

그러므로 우리는 절대적으로 확신을 가져야 합니다. 그렇기 때문에 우리는 지금, 우리와 똑같은 사람들로서 현재 우리가 사는 세상과 동일한 세상에 살았고, 우리가 투쟁하는 것과 동일한 것을 투쟁했으며, 때로는 더 힘든 투쟁과 상태 속에서 투쟁했음에도 불구하고 승리의 삶과 영광의 삶을 살고 하나님께 속한 진리를 스스로 증거하며 살았던 사람들의 본보기를 히브리서 11장에서 살펴보고 있는 것입니다. 그들은 그렇게 믿음으로 승리했으며, 히브리서 기자가 우리에게 말해주는 것처럼 정확히 우리가 믿음으로 성공해야 할 바로 그와 똑같은 방법으로 승리했던 사람들입니다.

더 나아가 히브리서 기자가 그들 모두에 대하여 강조하고 있는 것은 바로 이것입니다. 바로 '선진들이 이로써 증거를 얻었느니라'(히브리서 11:3). 하나님께서 그들을 아주 기뻐하신다는 증거가 그들에게서 나타났습니다. 히브리서 기자는 그것이 바로 그들 모두의 비결이라고 말씀합니다.

우리는 앞서 아벨의 경우를 점검해보았습니다. 이제 우리는 에녹을 살펴보고자 합니다. 저는 히브리서에서 나오는 이들 모든 사람들의 경우가 다른 모든 사람들의 경우와 일치하는 것으로 생각해서는 안 된다는 것을 이미 지적한 바 있습니다. 물론 기본적으로 그들은 우리와 똑같은 인간들입니다. 우리는 믿음의 사람들을 살펴보는 중입니다. 그러나 이들 각자의 경우에서 믿음의 어떤 특별한 면이나 구도 같은 것이 드러납니다. 그러므로 우리가 여기서 에녹을 살펴볼 때에도, 아벨의 경우에서 드러난 동일한 확신을 배우는 것이 아니라 다른 무엇인가를 배우게 될 것입니다.

'믿음으로 에녹은…'

성경에는 에녹에 대한 세 가지 주요한 언급이 있습니다. 그리고 우리가 교훈을 진실되게 배워야 한다면, 우리에게 주어진 역사적인 세부사항들에 대하여 확실히 짚고 넘어가야 한다는 점은 매우 중요합니다. 에녹에 대한 첫 번째 언급은 창세기 5장에 나와 있습니다.

에녹은 육십 오세에 므두셀라를 낳았고 므두셀라를 낳은 후 삼백년을 하나님과 동행하며 자녀를 낳았으며 그가 삼백 육십 오세를 향수하였더라 에녹이 하나님과 동행하더니 하나님이 그를 데려 가시므로 세상에 있지 아니하였더라(21-24절).

그 다음으로 언급되어 있는 곳은 히브리서 11장 5-6절에 있습니다. 더 나아가 유다서 14절과 15절에도 나옵니다. 이 본문을 읽어보겠습니다.

아담의 칠세 손 에녹이 사람들에게 대하여도 예언하여 이르되 보라 주께서 그 수만의 거룩한 자와 함께 임하셨나니 이는 뭇 사람을 심판하사 모든 경건치 않은 자의 경건치 않게 행한 모든 경건치 않은 일과 또 경건치 않은 죄인의 주께 거스려 한 모든 강퍅한 말을 인하여 저희를 정죄하려 하심이라 하였느니라

이 말씀에서 확실히 가장 중요한 경우가 나옵니다. 우리는 성경이 어떻게 현재에 이르기까지 계속 말씀하고 있는지 보게 됩니다.

에녹이 살던 시대는 대홍수가 일어나기 전인 끔찍하고 무시무시한 시대였다는 것을 잊지 마십시오. 그 시대는 창세기 6장에서 묘사하고 있는 것처럼 무섭고, 무절제하고 죄악된 시대였습니다. 그는 대홍수의 심판을 맞을 그런 시대에서 살았습니다. 그 시대의 사람들은 우리가 묘사할 수 있는 모든 죄와 부도덕함

에 자기 자신을 내어 주었습니다.

그러나 우리가 여기서 보게 되는 것은, 에녹은 하나님과 동행하였고, 그는 하나님께서 보시기에 하나님의 매우 기뻐하시는 자라는 것입니다. 그래서 그는 자연적이고도 육적인 죽음을 경험하지 않고 변화되어 하늘로 이끌려졌습니다. 그는 비상한 방식으로 죽음을 보지 않은 두 사람 중의 한 사람이었습니다. 그렇게 된 다른 한 사람은 선지자 엘리야였습니다. 이 두 사람의 몸이 우리가 이해하지 못할 어떤 방식으로 변화되었고, 마치 순식간에 천국에 올라가 하나님 앞에 있게 된 것처럼 그렇게 이끌려진 것입니다.

이 주제는 현재 우리가 관심을 둘 것이 아니지만 탁월하고 주목할 만한 것입니다. 그리고 부수적으로 이 사건은 우리가 절대로 포기해서는 안 될 교리, 즉 육신의 부활에 대한 교리의 중요성을 우리에게 보여주고 있습니다.

죽은 후에 우리는 단지 영으로서만 지내는 것이 아닙니다. 우리는 전인(全人)이 구원받은 것입니다. 몸은 물론이요, 혼과 영도 구속함을 받은 것입니다.

이제 히브리서 기자가 우리에게 상기시켜 주고 있는 에녹에 대한 중요한 사실은, 그가 '옮기우기 전에 하나님을 기쁘시게 하는 자 하는 증거를 받았다'는 것입니다(5절). 바로 그 점이 그가 고통과 죽음과 몸과의 분리에 관련된 모든 것에서 벗어나게 된 근거였습니다. 이것이 이 사람 에녹의 비결이었습니다.

이제 제가 다시 강조하고자 하는 것은, 히브리서 11장에서 언급된 이들 모든 사람들의 삶에는 공통적인 사실이 있다는 것입니다. 그들은 지식, 즉 하나님께서 그들을 매우 기뻐하셨다는 확실한 지식을 받았다는 것입니다. 그 지식이 '증거'로 주어졌던 것입니다.

여러분은 아벨이 하나님께서 자신의 선물을 기뻐하셨다는 것을 어떻게 알게 되었는지 기억하실 것입니다. 그는 확신이 없었던 것이 아니라 오히려 확신을 받았습니다. 그가 그의 형에게 살해되기 전에 그는 하나님과의 관계를 확신하고 즐거워했던 것입니다.

에녹은 구원의 충만한 확신을 즐거워했던 히브리서 기자의 두 번째 본보기입니다. 우리에게 그 점이 중요한 것은 바로 이것 때문입니다. 즉 그가 이 확신을 즐거워했기 때문에 그가 살던 그런 시대와 세대 속에서 살아갈 수 있었다는 것입니다. 죄와 부도덕의 한복판에서, 그리고 대 홍수가 일어나기 전의 그런 악한 세상에서 이 사람은 마치 하늘의 빛과 같은 사람처럼 이겨낼 수 있었던 것입니다. 그는 하나님과의 관계를 즐겼으며, 자신을 둘러싸고 있는 모든 광기어린 불경건함을 향하여 하나의 경종이 되었습니다.

그 증거

그러므로 우리의 관심에서 떠오르는 첫 번째 질문은 바로 이

것입니다. '정확히, 어떻게 에녹에게 그가 하나님의 기뻐하시는 자라는 이러한 증거가 주어졌는가?'

부수적인 것이지만, 이 시점에서 저는 전반적으로 위대한 존 오웬(John Owen) 박사의 성경해석에 동의하고 싶지 않습니다. 존 오웬 박사는 성경이 에녹에 대하여 말씀하고 있는 증거가 바로 에녹이 받았던 증거라고 말합니다. 그러나 성경은 우리에게 에녹이 받은 그 증거는 그가 변화되기 전에 받은 것이라고 말씀하고 있으며, 성경은 그 후로 어떤 주목할 만한 기간이 있기 전까지는 기록되지 않았습니다. 아니오, 아닙니다. 성경에서 에녹에 대하여 미미하게 증거하고 있는 증거들이 바로 에녹이 받았던 증거가 될 수 없습니다. 에녹만이 증거를 받은 것이 아니라 히브리서 11장에서 언급된 이들 모든 사람들이 증거를 받았습니다. 그것은 개인적이고도 주관적인 증거였습니다. 또한 구원의 확신의 영역에 속한 증거였습니다.

그러므로 다시 한 번 질문합니다. 어떻게 에녹에게 그가 하나님의 기뻐하시는 자라는 이러한 증거가 주어졌을까요? 자, 저는 주저 없이 그 대답을 에녹을 묘사한 창세기 5장 24절에서 찾을 수 있다고 말씀드리는 바입니다 — '에녹이 하나님과 동행하더니' 라는 말씀 말입니다. 저는 뒤에 가서 이 말씀이 언급한 방식, 즉 에녹이 살아가던 방식이 무엇인지 말씀드리겠습니다. 그러나 이보다 더 중요한 것이 있습니다. 그것은 에녹 자신이 하나님과 동행하고 있음을 '알고 있었다' 는 것입니다. 하나님께서는 에녹에게 친구 사이(companionship)와 같은 특권을 허락하셨던 것입니다. 에녹은 자신이 하나님의 임재 가운데 동행하고 있다는 사실을 알았습니다 — 하나님은 그의 친구가 되셨던 것입니다. 그리고 하나님께서는 자신이 에녹을 사랑하시고, 그를 아주 기뻐하시며, 하나님의 마음에 흡족한 사람이라는 사실을 에녹이 아주 선명하게 알도록 하셨습니다.

우리는 또한 아브라함이 '하나님의 친구' (역대하 20:7, 야고보서 2:23)라는 말씀을 봅니다. 하나님과 함께 동행한다는 것은 하나님을 믿는다고 말하는 것보다 더 큰 특권입니다. 그것을 이 두 사람 각자가 다른 사람이 자신과 함께 동행하고 있다는 것을 의식하면서 나란히 길을 걸어가고 있는 것으로 그려볼 수 있습니다.

저는 하나님께서 에녹으로 하여금 하나님 자신이 그와 함께 하시고, 그의 가까이에 계시다는 암시를 주시며, 하나님 자신이 바로 그곳에 계시다는 개인적인 자각을 주심으로써, 하나님께서 그를 아주 기뻐하신다는 것을 에녹이 분명히 알도록 하셨다고 제시하는 바입니다.

17세기에 살았던 볼튼(Bolton)이라는 옛 청교도의 진술을 인용해보도록 하겠습니다. 그는 사람들에게 다음과 같은 메시지를 남기고 떠난 사람을 인용했습니다. '하나님은 사람들을 친근하게 대하신다.' 하나님께서 그렇게 하신 것입니다. 우리는 그러한 많은 예들을 구약성경에서 찾을 수 있습니다. 족장들의 이야기가 바로 그런 예들입니다. 우리가 알고 있는 것처럼 하나님께서는 그렇게 내려오셔서 그들에게 말씀하셨습니다. 그리고 그들은 알게 되었습니다. 그들은 우리가 이미 살펴본 것처럼 확신의 최고봉인 직접적이고도 즉각적인 지식을 소유하게 되었습니다. 에녹은 그러한 예 중의 완벽한 본보기입니다. '에녹이 하나님과 동행하더니.' 에녹은 자신의 믿음을 훨씬 뛰어 넘어서 절대적인 확신을 소유하게 된 것입니다. 하나님께서는 야곱에게도 확신을 주셨을 때 그로 하여금 다음과 같은 말이 가능하도록 하셨습니다.

'다른 것이 아니라 이는 하나님의 전이요 이는 하늘의 문이로다' (창세기 28:17)

— 바로 하나님께서 그곳에 계셨던 것입니다 — 이렇듯 하나님께서는 이보다 더욱 더 강력한 방식으로 에녹에게 확신을 주셨던 것입니다.

그러므로 우리 자신에게 던져보아야 할 질문은 이것이 되겠습니다. 우리는 그러한 확신이 어떤 것인지 알고 있는가? 우리는 하나님과 동행한다는 것이 어떤 것인지 알고 있는가? 우리는 하나님께서 우리 자신을 참으로 기뻐하신다는 증거를 주신다고 하는 것이 어떤 것인지 아는가? 하나님께서 우리에게 이런 암시를 주셨는가? 이것이 중요한 점입니다. 이런 증거 없이는 우리는 참으로 이 악한 시대에서 그리스도인으로서의 역할을 감당해낼 수 없습니다.

지금 여러분은 저의 논증에 주목하고 계십니다. 저는 현재 기독교인이 아닌 사람들에게 알리려고 이 자리에 있는 것이 아닙니다. 그렇게 하는 것은 아주 간단하고 쉬운 일입니다. 그러나 그것은 교회가 궁극적으로 할 일이 아닙니다. 교회가 조금이라도 악을 규탄해야 하는 것은 명백합니다. 그 일은 쉽습니다. 그 일은 가벼운 일입니다. 그러나 현재 일어나는 일들을 수없이 다루면서도 정작 누구에게도 덕을 세우지 못하고 있지 않습니까? 그러므로 교회는 그런 일을 다른 방식으로 보여주어야만 합니다. 세상이 알고 싶어 하는 것은 사람들이 이런 악한 시대에서도 하나님과 동행하는 일이 가능한가에 대한 것이기 때문입니다. 바로 이 일을 우리는 살펴보아야만 합니다.

우리는 다음과 같이 말하며 행복감을 느낄 수 있습니다. "하나님, 제가 저 사람과 같은 꼴이 되지 않아서 감사합니다!" 그러나 이것은 완전한 바리새인의 모습이었지 않습니까? 우리를 향한 질문은, "나는 저 사람을 싫어하는가?"라는 질문이 아니라 "나는 에녹과 같은가?"라는 질문이 되어야 합니다. 시대가 요구하는 것은 바로 교회가 하나님과 동행하였던 에녹과 같은 사람들로 가득 차는 것입니다! 그것이 바로 교회를 개혁하는 길이고, 세계를 개혁하는 길입니다. 홀로 부정적인 면에만 골몰하는 것으로는 우리를 어떤 곳으로든지 이끌어 가지 못할 것입니다.

에녹의 비결

그러므로 에녹을 깊이 살펴보도록 합시다. 그의 비결은 무엇이었을까요? 세 가지로 살펴 볼 수 있습니다.

하나님께 나아감

첫 번째 대답은 5절을 설명하고 있는 히브리서 11장 6절에 있습니다.

'믿음이 없이는 기쁘시게 못하나니 하나님께 나아가는 자는 반드시 그가 계신 것과 또한 그가 자기를 찾는 자들에게 상 주시는 이심을 믿어야 할지니라.'

우리는 믿음이 언제나 생명을 좌우하는 것임을 살펴보았습니다. 그러나 히브리서 기자가 여기서 표현한 방식에 주목하는 것은 흥미로운 일입니다. 기자는 가장 중요한 구절을 사용하여, '하나님께 나아가는 자'라고 말하고 있습니다. 이 표현은 그가 좋아하는 표현입니다. 그는 이미 이 표현을, 사람들이 어떻게 하나님께 나아가고, 그들이 어떻게 영원히 살아 계실 하나님 앞에 예배하러 가까이 나아갈 것인가에 대한 모든 문제들을 제기한 10장 1절에서 사용한 바 있습니다. 즉 그는, '율법은 장차 오는 좋은 일의 그림자요 참 형상이 아니므로 해마다 늘 드리는바 같은 제사로는 **나아오는** 자들을 언제든지 온전케 할 수 없느니라'고 말하면서 이 표현을 사용했습니다.

이와 같은 생각을 표현하는 또 다른 구절은 로마서 5장 1-2절에서 찾을 수 있습니다.

'그러므로 우리가 믿음으로 의롭다 하심을 얻었은즉 우리 주 예수 그리스도로 말미암아 하나님으로 더불어 화평을 누리자 또한 그로 말미암아 우리가 믿음으로 서있는 이 은혜에 들어감을 얻었으며 하나님의 영광을 바라고 즐거워하느니라.'

이것이 '하나님께 나아감'이라는 표현입니다. 즉 하나님께 접근하는 사람들과 은혜로 하나님 앞에 서 있을 수 있는 것을 언급한 표현입니다. 이 말의 의미는 우리가 하나님을 예배하러 갈 때 하나님과 하나님의 자비하심에 가까이 나아간다는 의미이기도 합니다.

하나님께 나아가는 자들은 이런 그분의 임재 속에 나아가기를 열망합니다. 이것은 그들의 삶에서 가장 큰 비중을 차지하기 때문입니다. 그들은 기계적으로 교회에 참석하지 않습니다. 그리고 자신이 놀라운 그 날을 위해 뭔가 선한 일을 했다고 느끼지 않습니다. 그들은 그렇게 교회에 가는 반면에 다른 사람들은 그들과 같은 생각으로 가지 않습니다. 아니오, 아닙니다! 하나님께 나아가는 자들은 하나님을 알게 될 것이고, 가까이 나아감을 허락받을 것이며, 그분 앞에 설 수 있으며 그분과 교제할 수 있을 것입니다. 바로 이것이 이 말씀이 암시하고 있는 내용들입니다. 그러므로 이 점이 우리가 집중해야 할 첫 번째 원리이며, 이것은 또한 에녹의 위대한 특징이기도 했습니다. 바로 하나님께 나아가는 것, 그분의 임재 속으로 들어가는 것 말입니다. 우리들도 그러합니까?

그러므로 우리가 직면해야 할 질문은 이것입니다. 참으로 우리는 어떻게 하나님께 나아갈 수 있을까? 우리는 어떻게 가장 거룩한 곳에 도달하여 그곳에서 하나님께 말씀드리고, 또한 하나님께서 우리들에게 말씀하시고 있다는 것을 정말로 확신할 수 있을까? 어떻게 이 일이 일어날까? 그 대답이 다음과 같이 주어졌습니다. '하나님께 나아가는 자는 반드시 그가 계신 것과 또한 그가 자기를 찾는 자들에게 상 주시는 이심을 믿어야 할지니라.'

저는 성경에서 이 구절보다 더 자주 오해받고 있는 구절도 없다고 생각합니다. 이 구절의 일반적인 해석은 이것입니다. 하나님과 하나님의 존재를 믿지 않는다면 여러분은 기도할 수 없다는 것입니다. 이것은 기본이요, 첫 번째 원리입니다! 그런데 여기서 더 나아가, 여러분이 착하게 살아서 그분을 기쁘시게 하면 여러분에게 상을 주실 것이라는 사실을 믿어야만 된다는 식으로 해석합니다.

다른 말로, 이 구절에 대한 인기 있는 해석은 다름 아닌 오늘날 유행하고 있는 기독교의 개념을 반영한 것입니다. 즉 기독교인들이란, 하나님도 믿고, 착하게 살면 하나님이 기뻐하셔서 그들을 하늘나라로 데려가실 것도 믿는 사람들이라는 것입니다. 그러므로 하나님을 믿고, 또 하나님은 사랑이시라는 것만 믿으면 된다는 것입니다. 그것으로 끝입니다. 더 필요한 것은 없다는 것입니다. 너무나 간단합니다. 그러나 성경은 '하나님께 나아가는 자는 반드시 그가 계신 것과 또한 그가 자기를 찾는 자들에게 상주시는 이심을 믿어야 할지니라.'고 말씀하고 있습니다.

이런 해석이 잘못된 해석일 뿐만 아니라 히브리서 기자가 가르치는 것과 정반대되는 것이라는 것을 보여드리는 것은 쉬운 일입니다. 그렇게 해석하는 것은 히브리서 전체와 모든 성경의 가르침과 반대되는 해석입니다. 이 구절은 그보다 훨씬 더 크고, 깊고, 충만한 의미를 지니고 있습니다. 11장은 믿음의 장입니다. 히브리서 기자는 11장에서 이 사람들의 믿음, 즉 그 당시 히브리 기독교인들이 위대한 교리에 비추어 보면서 가져야 할 이 믿음을 설명하는 중이었습니다.

믿음

믿음이란 무엇입니까? 믿음은 하나님의 계시를 받아들이는 것이며, 그 계시에 복종하는 것입니다.

'믿음은 바라는 것들의 실상이요 보지 못하는 것들의 증거니'(1절).

우리는 어떻게 이런 것들을 알 수 있습니까? 바로 하나님께서 계시해 주셨습니다. 그리고 우리는 그 계시를 받아들입니다.

그러므로 우리는 긍정적인 해석으로 나아가야겠습니다. 믿음의 의미는, 첫째로, '하나님이 계시다'는 것을 믿어야 한다는 것입니다. 이것이 결정적인 구절입니다. 히브리서 기자가 우리가 하나님이 계시다는 것을 믿어야 한다고 말했을 때 — 우리는 단지 그가 말한 대로 믿음으로만 이 일을 할 수 있습니다 — 그는 믿음을 추론과 대조시키고 있습니다. 많은 사람들이 하나님에 대하여 추론합니다. 그런 사람들은 하나님이 '저 위'나 '바깥'에 계시는 것이 아니라고 단언하는 책들을 집필합니다. 그보다는, 하나님은 '더 깊은 곳'에 계시다고 말합니다. 그러나 그런 말은 성경 어디에도 없습니다. 이것이 바로 현대인의 해석입니다! 그런 사람은 지금도 하나님이 계속 발견되고 있다고 말합니다. 하나님에 대한 전혀 새로운 묘사를 하고 있습니다. 그러나 그런 추론은 우리가 에녹에 대하여 읽은 것과는 완전히 반대됩니다.

바로 그런 추론이 모든 문젯거리이며, 그런 추론은 또한 사도바울이 아덴에서 현대인과도 같은 그런 사람들에게 말씀했던 내용이지 않습니까? 우리는 바울이 스도이고(Stoics)와 에비구레오(Epicureans) 철학자들에게 전했던 내용을 볼 수 있습니다. 그가 그들에게 말한 것을 주목해보는 것은 대단히 흥미로운 일입니다.

바울이 아레오바고 가운데 서서 말하되 아덴 사람들아 **너희를** 보니 범사에 종교성이 많도다 내가 두루 다니며 너희의 위하는 것들을 보다가 **알지 못하는 신에게** 라고 새긴 단도 보았으니 그런즉 **너희가** 알지 못하고 위하는 그것을 내가 **너희에게** 알게 하리라 (사도행전 17:22-23).

이것이 그 반대 개념입니다. 여러분도 보시다시피, 이들 아덴 사람들과 에비구레오와 스도이고 학파 사람들은 전형적인 철학자들이었습니다. 그들은 그들의 모든 신 뒤에, 모든 현상들 뒤에, 그리고 '더듬어 찾아 발견하는' (27절) 것들 뒤에 이런 것들보다 더 큰 어떤 궁극적인 존재가 있다는 개념을 갖고 있었습니다. 그들은 그렇게 추론하고 있었으며, 추론한 것들을 이론으로 표현하고 있었으며, 그것을 가정화한 다음에 검토하고 논쟁하고 토론하면서 언쟁을 높이고 있었던 것입니다.

바울은 이렇게 말한 것입니다. "여기 좀 보십시오. 여러분은 여러분 자신이 말하고 있는 것이 무엇인지도 모르고 있습니다. 여러분이 모르면서 예배하고 있는 것, 즉 여러분도 모르는 '알지 못하는 신' 말입니다. 이제 제가 여러분에게 그 신을 전하겠습니다." 그것은 추론과 반대되는 것이었습니다.

다른 말로, 믿음의 의미는 하나님께서 스스로를 보이신 계시를 받아들이는 것입니다. 사실상, 바울은 이들 아덴 사람들에게 이렇게 말했던 것입니다. "나는 유대인입니다. 그리고 우리 유대인들은 우리의 이성과 이해에 기초한 추론같은 것을 남겨놓지 않았습니다. 하나님은 자신을 계시하셨습니다. 그분은 계시를 주시기 위해 유대인의 나라를 선택하셨고, 우리는 기록된 계시를 받게 되었습니다. 즉 우리는 하나님께서 친히 위탁하신 말씀을 갖게 된 것입니다. 저는 이론가가 아닙니다. 저는 현재 여러분에게 하나님께서 유대 사람들에게 하나님 자신에 관하여 나타내주신 것과 유대인의 나라들과 함께 이루신 모든 일, 그리고 세계를 향한 하나님의 목적에 대하여 말씀드리고 있는 중입니다." 바로 이것이 믿음이 의미하는 것입니다.

그러나 이것은 단지 시작에 불과합니다. '하나님께 나아가는 자는 반드시 그가 계신 것을 믿어야 할찌니.' 확실히 이 말씀 속에 매우 심오하고 깊은 의미가 있습니다. 이 말씀은 하나님께서 모세에게 자신에 대한 것을 주시고, 이스라엘에게도 주신 저 특별한 계시에 대한 언급인 것입니다. 하나님께서는 모든 족장들에게 자신에 대한 계시를 계속하여 주셨습니다. 우리가 이미 살펴본 아담에게, 그리고 아벨에게도 말입니다. 모세에게도 주셨습니다. 읽어보면 다음과 같습니다.

모세가 하나님께 고하되 내가 이스라엘 자손에게 가서 이르기를 너희 조상의 하나님이 나를 너희에게 보내셨다 하면 그들이 내게 묻기를 그의 이름이 무엇이냐 하리니 내가 무엇이라고 그들에게 말하리이까 하나님이 모세에게 이르시되 **나는 스스로 있는 자니라** 또 이르시되 너는 이스라엘 자손에게 이같이 이르기를 **스스로 있는 자**가 나를 너희에게 보내셨다 하라 (출 3:13-14).

이 구절을 설명하고 있는 개념이 출애굽기 6장에 있습니다.

하나님이 모세에게 말씀하여 가라사대 나는 여호와로라 내가 아브라함과 이삭과 야곱에게 전능의 하나님으로 나타났으나 나의

이름을 여호와(이 명칭이 '나는 스스로 있는 자' 라는 뜻입니다)
로는 그들에게 알리지 아니하였고 (출 6:2-3).

이런 말씀들로 하나님께서는 이스라엘의 자녀들에게 매우 특별한 계시를 주셨던 것입니다. 하나님께서는 오직 이스라엘 백성들을 이집트의 노예 생활에서 구원하셔서 약속의 땅에 데려가시기 전에만 '나는 스스로 있는 자니라' 또는 '스스로 있는 자'로 자신을 계시하셨습니다. 이것이 전부였습니다. 나는 항상 있는 자이다. 나는 항상 있을 것이다. 그가 바로 나다. 바로 나 하나님이라는 것입니다. 그리고 이 하나님이라는 이름은 권위역(Authorised Version — 킹 제임스역 성경(King James Version)을 이렇게도 부름 : 옮긴이)에서 특별히 '여호와'로 번역되었으며, 당신의 백성들과의 언약을 얘기할 때면 항상 하나님 자신을 이렇게 표현하셨습니다. 그분은 이러한 특별한 시기에 그렇게 하셨습니다. '이같이 이르기를 스스로 있는 자가 나를 너희에게 보내셨다 하라.' 여러분에게 자기 자신을 걸고 서약하신 그 하나님, 여러분의 그 하나님, 여러분을 약속하신 땅으로 데려가실 그 하나님께서 그렇게 하셨습니다.

그러므로 우리가 여기서 알게 되는 믿음의 첫 번째 요소는 하나님께서 계시다는 것을 믿는 믿음입니다. 하나님은 영원히 계실 영원무궁한 하나님이시며, 언약의 언어로, 언약의 형태로 당신의 백성들에게 스스로를 계시해주신 하나님, 그리고 당신의 백성들에 대하여 확실한 목적을 갖고 계신 하나님이십니다. 믿음은 이 사실을 믿으므로, 이 사실에 복종합니다. 믿음은 이렇게 말합니다. "나는 가장 최근까지 제시한 철학자들의 말에는 관심도 없다. 어떤 현자의 최신의 생각에도 관심이 없다. 하나님에 대하여 내가 알고 있는 전부는 내가 가진 이 성경에 들어 있다. 하나님의 계시가 이 성경에 있으며, 나는 철저하고도 절대적으로 이 성경에 복종한다." 바로 이것이 에녹의 행동이었으며, 믿음을 가진 모든 이들이 반드시 해야 할 행동입니다.

믿음의 사람은 이렇게 말하지 않습니다. "아, 물론 우리는 현대인입니다. 더 이상 하나님 아버지가 '저 위'에 계신다고 믿지 않아요. 그건 빅토리아 시대 때의 믿음이죠. 이제 우리는 마땅히 과학적인 용어들로 사고해야 하지 않을까요?"

사람들이 이렇게 말하는 바로 그 순간, 저는 주저 없이 그들은 믿음의 사람들이 아니며, 다만 사색적인 철학자들이라고 말하겠습니다. 그들은 자신들을 기독교인이라고 부르겠지만 — 그들이 스스로를 그렇게 부르는 것을 막을 수는 없겠지요 — 그들은 기독교인이 아닙니다. 기독교인들은 믿음의 사람들입니다. 기독교인들은 하나님께서 계시하신 그대로를 믿는 사람들입니다. 그들은 이 계시를 떠나서는 하나님에 대하여 아무 것도 알지 못하는 사람들입니다. 이것이 믿음의 첫 번째 요소입니다.

구원

그러나 히브리서 기자는 여기에 또 추가합니다. 그는, '하나님께서 자기를 열심히 찾는 자들에게 상 주시는 분'(우리가 가진 성경에는 '열심히'가 빠져있음 — 옮긴이)이라고 말합니다. 이 말씀은 단지 하나님은 사랑이시거나, 사랑과도 같은 그런 분이라는 의미가 아닙니다. 하나님은 사랑이시지만, 이 말씀은 더 큰 의미를 지니고 있습니다. 바로 이 말씀에서 우리는 다시 한 번 구원의 길에 대한 모든 내용들을 보게 됩니다. 구약성경에는 구원에 대한 예시들(adumbrations)이 있습니다.

시편기자는, '사유하심이 주께 있음은 주를 경외케 하심이니이다'(시편 130:5)라고 말했습니다. 그가 어떻게 이런 것을 알았을까요? 그는 그냥 의자에 앉아서, '하나님은 사랑의 하나님이 틀림없어. 왜냐하면 나는 모든 사람을 용서하실 생각도 안 하시고, 마지막 날에 모든 사람을 천국에 보내실 생각도 안 하시는 그런 하나님을 생각조차 할 수 없기 때문이지.'라고 말한 것일까요? 아니오, 아닙니다. 그렇다면 그것은 또 하나의 사색에 불과합니다. 시편기자가 이 사실을 알게 된 것은 바로 계시 때문이었습니다.

'누구든지 주의 이름을 부르는 자는 구원을 얻으리라 하였느니라'(사도행전 2:21)라고 말씀하셨습니다. 그렇다면 저는 어떻게 이런 내용을 알았을까요? 제가 생각해볼 때 하나님은 사랑이신 것이 틀림없었기 때문이었을까요? 아니지요. 그것이 기초가 될 수 없습니다. 바로 하나님께서 말씀하셨기 때문입니다. '그가 자기를 찾는 자들에게 상 주시는 이'라고 말씀하셨습니다. 이것은 성경의 위대한 주제입니다. 구약 성경의 신앙위인들은 이 말씀으로 살았습니다. 그런데 그들은 저와 여러분이 볼 수 있는 것처럼 분명하게 보지는 못했습니다. 우리 주님께서는, '너희 조상 아브라함은 나의 때 볼 것을 즐거워하다가 보고 기뻐하였느니라' (요한복음 8:56)고 말씀하셨습니다. 게다가 히브리서 11장 말미에서 우리는 이와 유사한 말씀을 볼 수 있습니다. 바로 '이 사람들이 다 믿음으로 말미암아 증거를 받았으나 약속을 받지 못하였으니' (39절)라는 말씀입니다. 또한 11장 처음 부분에서 이 사람들이 이런 것들을 보지 못했다는 특별한 말씀을 볼 수 있습니다. '이 사람들은 다 믿음을 따라 죽었으며 약속을 받지 못하였으되 그것들을 멀리서 보고 환영하며' 라고 말씀하고 있습니다(13절).

다른 말로, 이들 모든 구약성경의 신앙위인들은 하나님께서 구원의 목적에 관한 계시를 주셨음을 믿었습니다. 우리가 아벨을 살펴보고 있을 때 저는 여러분에게 하나님께서 이 구원을 처음에 에덴동산에서 선포하셨음을 상기시켜 드린 바 있습니다.

'내가 너로 여자와 원수가 되게 하고 너의 후손도 여자의 후손과 원수가 되게 하리니 여자의 후손은 네 머리를 상하게 할 것이요 너는 그의 발꿈치를 상하게 할 것이니라' (창세기 3:15).

바로 이 말씀이었습니다. 하나님께서는 '여자의 후손' 과 '뱀의 후손' 간에 투쟁이 있을 것이라고 말씀하셨습니다. 그리고 가시와 엉겅퀴와 고통거리들, 고군분투하는 일들로 인해 삶이 힘들어질 것이다, 그러나 너희에게 여자의 후손이 뱀의 머리를 부숴버릴 것이라는 약속을 준다고 말씀하셨습니다. 이 말씀은 발꿈치를 상하셨던 구세주와 관련된 것이겠지만, 그것이 문제가 되지도 않을 것은, 구원에 대한 위대한 약속, 위대한 목적이 있기 때문입니다.

역사의 초창기에 하나님께서 선포하셨고, 계시를 주신 것입니다. 하나님께서는 남자와 여자가 죄로 타락했던 바로 그 순간에 이 말씀을 전하셨습니다. 하나님께서는 역사의 전망 같은 것을 주셨고, 큰 분열이 있을 것이라고 말씀하셨습니다. 하나님께서는 죄에 대한 심판도 선포하셨습니다. 하나님께서는 자신이 죄를 눈감아줄 수 없는 거룩하신 하나님이라고 말씀하셨습니다. 바로 그분이 이런 내용들을 말씀하셨고, 또 죄를 벌하실 것이라고 말씀하셨습니다. 우리는 필연적인 결과를 말씀하고 있는 유다서의 특별한 진술을 볼 수 있습니다. 하나님께서는 이와 같은 사실을 분명히 언급하셨던 것입니다. 그리고 에녹은 이 사실을 믿었습니다.

아담의 칠세 손 에녹이 사람들에게 대하여도 예언하여 이르되 보라 주께서 그 수만의 거룩한 자와 함께 임하셨나니 이는 뭇 사람을 심판하사 모든 경건치 않은 자의 경건치 않게 행한 모든 경건치 않은 일과 또 경건치 않은 죄인의 주께 거스려 한 모든 강퍅한 말을 인하여 저희를 정죄하려 하심이라 하였느니라 (유다서 14-15).

에녹은 하나님께서 말씀하신 진술을 믿었습니다. 그는 하나님께서 의로 세상을 심판하실 것과 죄인들은 하나님께서 자신의 시야에서 영원히 내쫓으심으로 징벌하실 것이라는 사실을 믿었던 것입니다.

그러나 하나님께서는 구원을 주시고, 구속(救贖, redemption)의 목적을 알리셨습니다. 그 내용은 두 가지, 즉 구원과 멸망의 내용으로써 모든 성경을 관통해 흐르고 있습니다. 그리고 에녹은 구원의 메시지를 믿었으며 이 메시지에 자신을 일임했습니다. 그는 하나님이 계신 것을 믿었습니다 — 이 언약의 하나님을, 약속을 주신 이 하나님, 목적을 이루시는 이 하나님, 구원의 길을 주신 이 하나님을 말입니다. 그는 두 가지의 면인 심판과 구속을 믿었으며, 이 사실에 자신을 복종시켰습니다. 이것이 믿음이 의미하는 것입니다.

믿음의 사람들은 하나님이 계시다는 것과 열심히 그분을 찾는 자들에게 상주시는 분이심을 믿습니다. 그들은 하나님의 계시와 그분의 은혜로운 목적에 절대적으로 복종했습니다. 에녹은 하나님의 말씀을 철두철미하게 신뢰했으며 이 말씀을 자신의 모든 삶의 기초로 삼았습니다. 이것이 첫 번째입니다.

열심히 찾음

여러분은 믿음 없이 시작할 수 없습니다. 또한 믿음이 없이는 그 어떤 것도 할 수 없습니다. 그렇기 때문에 '이 세상이 자기 지혜로는 하나님을 알 수 없는 것'입니다(고린도전서 1:21). 에녹의 비결은 첫 번째로, 그의 믿음에 있었습니다. 그리고 두 번째는, 열심히 하나님을 찾은 것에 있었습니다. 우리는 하나님께서 '자기를 **열심히** 찾는 자들에게 상 주시는 이'라는 것을 보았습니다. 이렇게 표기한 권위역 성경(KJV)의 번역은 옳습니다. 좋은 표현입니다. 새 영어성경(The New English Bible)은 이렇게 표현했습니다. '자기를 찾는 자들에게 상 주시는 이시니라.' 그러나 단순히 하나님을 찾는 것보다 더 큰 것을 의미하고 있음을 알아야 합니다. 이렇듯, 찾는다는 것에는 뭔가 특별한 것이 있습니다. 그러나 하나님을 찾는데 끊임없이 문젯거리가 되는 생각도 있습니다.

기독교인은 단순히 이렇게 말하는 사람들이 아닙니다. "아, 물론 저는 하나님을 믿지요. 그것도 항상 믿는 걸요. 하나님을 믿는 일에도 집중했고요. 예배드리는 장소에 가본 적은 없어도 기도는 한답니다." 이것은 기독교가 아닙니다. 또한 하나님의 자녀들이 가지는 자세도 아닙니다. 기독교인들은 어떻게 하나님을 찾을 것인지 아는 것은 물론이고, 하나님을 찾으러 나아가는 사람들입니다.

어떤 의미에서 에녹의 모든 비결은 단지 에녹이 살았던 고대 사회에서 자신의 주변에 있는 무수히 많은 사람들이 불경건하고 부도덕하고 악했던 반면, 그는 하나님을 믿고 선한 삶을 살았다는 것에 있는 것이 아니라, 열렬하게 하나님을 찾았다는 것에 있습니다. 에녹은 단지, "물론 나는 그런 악한 것들은 꿈도 꾸지 않을 것이다!"라고 선포만 한 것이 아닙니다. 그저 멋지고 조금은 조용하고 존경스러운 삶을 살면서, "저는 하나님을 믿습니다. 이것이 저의 생활 방식이죠."라고 말한 것도 아닙니다. 그렇지 않았습니다. 그는 하나님을 찾았습니다. 그 이유는 그가 하나님을 즐거워했기 때문이며, 그분과의 교제를 원했기 때문입니다. 그는 아침에 성경을 읽고, 성경을 해설한 작은 부분을 읽는데 단지 5분의 시간만 보낸 뒤에 잠깐 동안 기도하는 것으로써 하나님에 대한 일을 끝내지 않았습니다. 그는 또한, "매일 이 정도는 하니까 나는 하나님과 바른 관계에 있는 셈이지."라고 말하지도 않았습니다. 그리고 그런 말을 하고 나서 하나님에 대한 생각은 접어버리고 자신의 아내와 일과를 살펴본 것도 아닙니다. 아니오, 아닙니다. 그는 하나님을 구했습니다. 그는 하나님의 임재를 깨닫기를 원했으며, 어느 곳에서든지, 매 시간마다 하나님을 항상 찾았습니다.

그리고 이것이 우리가 해야 할 일입니다.

'영접하는 자 곧 그 이름을 믿는 자들에게는 하나님의 자녀가 되는 권세를 주셨으니' (요한복음 1:12).

자녀들은 아버지가 계신 곳에 가까이 나아갑니다. 종은 그런 것을 허락받지 못하지만, 주인은 늘 자신의 자녀를 맞을 준비가 되어 있습니다. 그리고 자녀들은 아버지가 계신 곳에 있고 싶어 합니다. 그는 아버지 가까이에 있고 싶어 합니다. 그리고 아버지가 멀리 계시면 행복해하지 않습니다. 바로 이것이 에녹의 삶

속에 있는 큰 증거였습니다. 그는 하나님의 활동과 충만함, 그리고 하나님의 임재를 즐길 수 없을 때면 행복해 하지 않았습니다. 그래서 그는 열심히 하나님을 찾았던 것입니다. 그는 항상 찾았습니다. 그는 생각을 하든, 묵상을 하든, 기도를 하든, 매사 하나님께로 마음을 돌렸습니다. 이것이 바로 그의 삶의 흐름이었습니다.

하나님과 동행함

그리고 다음 세 번째 것으로, 우리가 에녹에 대하여 읽은 것은 '에녹이 하나님과 동행하더니' 라는 말씀입니다(창세기 5:22). 충만한 믿음의 삶은 에녹에 대한 바로 이 구절로 묘사되었습니다. 우리는 지금까지 신앙적인 면과 경험적인 면을 살펴보았습니다.

이제는 실천적인 믿음의 완성을 볼 차례입니다. '에녹이 하나님과 동행하더니.' 이 말씀은 우리에게 에녹의 삶의 형태에 대한 엄청난 진술을 하고 있습니다. 에녹은 항상 자신이 하나님의 임재 속에서 살고 있음을 깨달았습니다. 이것이 하나님과 동행한다는 것의 의미입니다. 그는 하나님의 임재를 자각했던 것입니다.

이것을 요한이 자신의 첫 번째 서신에서 분류했던 것처럼 분류해보도록 하겠습니다. 히브리서 기자처럼 요한도 마찬가지로 믿는 자들에게 확신을 주려고 서신을 썼었습니다. 그는, '우리가 이것을 씀은 우리의 기쁨이 충만케 하려 함이로라' (요한일서 1:4)라고 말했습니다. 그렇다면 우리는 어떻게 이 충만한 기쁨을 얻을 수 있을까요? 그 답은 이것입니다.

'우리가 저에게서 듣고 너희에게 전하는 소식이 이것이니 곧 하나님은 빛이시라 그에게는 어두움이 조금도 없으시니라' (요한일서 1:5).

하나님과 동행하는 사람들은 항상 자기 스스로에게 이렇게 말합니다. "내가 가는 곳마다 하나님이 계시니, 나는 그분이 계신 곳을 절대로 떠날 수 없네." 이 말을 시편 139편의 용어로 바꾸어보면 이렇습니다.

'내가 하늘에 올라갈지라도 거기 계시며 음부에 내 자리를 펼지라도 거기 계시니이다 내가 새벽 날개를 치며 바다 끝에 가서 거할지라도 곧 거기서도 주의 손이 나를 인도하시며 주의 오른손이 나를 붙드시리이다' (시편 139:8-10).

하나님께서는 어디에든 계십니다. 하나님과 동행하는 사람들은 스스로에게 이 사실을 상기시키며 이 사실을 깨닫습니다. 당연히 그들은 이 일을 다른 사람들이 보지 못하도록 은밀하게 합니다. 그들의 아내나 남편이나 동료들도 그런 것을 알 수 없을 것입니다. 그러나 하나님은 그들을 보고 계십니다. 그리스도인들은 그들이 어디에서든지 항상 그분의 임재 속에 있다는 것을 압니다.

그리스도인들은 또한 '하나님은 빛이시며, 그분 안에는 어두움이 전혀 없다는 것'을 자각하며 걷는 사람들입니다. 그들의 주된 욕망은 바로 하나님을 기쁘시게 하는 것이기 때문입니다. 그들은 우리 주님께서 우리에게 말씀하신 것을 아는 자들입니다.

'나의 계명을 가지고 지키는 자라야 나를 사랑하는 자니 나를 사랑하는 자는 내 아버지께 사랑을 받을 것이요 나도 그를 사랑하여 그에게 나를 나타내리라' (요한복음 14:21).

사랑은 공허한 감정이 아닙니다. 여러분이 누군가를 사랑하게 되면 여러분은 그 사람을 기쁘게 하고 싶을 것입니다. 여러분이 하나님을 사랑하신다면, 하나님을 기쁘시게 하고 싶어 할 것이고, 그분의 계명을 지킴으로써 그분을 기쁘시게 하고 싶어 할 것입니다.

또는 이것을 부정적인 표현으로 말해 본다면, 하나님과 동행하는 사람들은 그분이 싫어하시는 모든 것을 피하는 사람들입니다. 요한이 한 말에 다시 귀를 기울이십시오.

'우리가 저에게서 듣고 너희에게 전하는 소식이 이것이니 곧 하나님은 빛이시라 그에게는 어두움이 조금도 없으시니라 만일 우리가 하나님과 사귐이 있다 하고 어두운 가운데 행하면 거짓말을 하고 진리를 행치 아니함이거니와' (요한일서 1:5-6).

그러므로 여러분이 하나님과 동행하신다면 어둠 가운데 걷는 것이 아니라, 빛 가운데 걸으실 것입니다. 만일 여러분이 나는 하나님과 교제한다고 말은 하면서도 어둠 속을 걷고 있다면 여러분은 거짓말쟁이입니다! 여러분은 하나님을 속이고 있는 것이 아니라 여러분 자신을 속이고 있는 것입니다. 그리고 여러분이 참다운 하나님의 사람들이라면 여러분은 그렇게 행하는 것을 원하지 않으실 것입니다.

요한은 이것을 2장에서 또 다르게 표현했습니다.

'이 세상이나 세상에 있는 것들을 사랑치 말라' (15절).

우리는 세상에 있는 것들이 무엇인지 압니다. 그렇지 않습니까? 그것들은 우리 앞에서 지속적으로 신문과 텔레비전을 통하여 포장되고 있습니다.

> 이 세상이나 세상에 있는 것들을 사랑치 말라 누구든지 세상을 사랑하면 아버지의 사랑이 그 속에 있지 아니하니 이는 세상에 있는 모든 것이 육신의 정욕과 안목의 정욕과 이생의 자랑이니 다 아버지께로 좇아 온 것이 아니요 세상으로 좇아 온 것이라 이 세상도, 그 정욕도 지나가되 오직 하나님의 뜻을 행하는 이는 영원히 거하느니라 (요한일서 2:15-17).

이렇듯 하나님과 동행하는 사람들은 이런 잘못된 것들을 피합니다. 그들은 세상을 미워합니다. 왜냐하면 그들은 하나님을 사랑하고 하나님이 보시기에 아주 기뻐하시는 자가 되고 싶어 하기 때문입니다. 그들은 부주의해서 죄에 빠지게 되면 슬픔에 잠깁니다.

여러분은 죄에 빠졌을 때 그것을 가볍게 다루십니까, 아니면 여러분을 너무나 사랑하셔서 여러분을 위하여 독생자를 보내시고 죽게 하신 그런 하나님을 대적하여 죄를 범했다는 생각에 근심하십니까? 여러분의 죄가 여러분을 근심하게 했습니까? 그 죄가 여러분을 슬프게 했습니까? 여러분은 슬퍼해야 마땅합니다. 그러나 여러분이 이런 기초를 상기하지 못하고 있다면 요한일서 1장 7절의 말씀을 다시 살펴보시기 바랍니다.

'저가 빛 가운데 계신 것같이 우리도 빛 가운데 행하면 우리가 서로 사귐이 있고 그 아들 예수의 피가 우리를 모든 죄에서 깨끗하게 하실 것이요.'

하나님과 동행하는 사람들은 이 말씀을 믿습니다. 더 나아가 그들은 '만일 우리가 우리 죄를 자백하면 저는 미쁘시고 의로우사 우리 죄를 사하시며 모든 불의에서 우리를 깨끗케 하실 것이요' (9절)라는 말씀을 믿습니다. 그러므로 그리스도인들은, "나는 더 이상 그리스도인이라 할 수 없어. 그리스도인임을 포기할 거야."라고 말하지 않습니다. 그들은, "아니야. 난 그분께 다시 돌아 갈거야. 나의 아버지께로 돌아 갈거야."라고 말합니다. 그들은 자신의 죄를 고백하고 받아들이며, 완전히 용서받고 새로 정결함을 받고 새롭게 되었음을 믿으며, 다시 일어나 빛 가운데에서 하나님과 함께 걷기 시작합니다.

'나와 함께 가자!'

에녹의 비결은 모든 시대와 세대 속에서 모든 하나님의 자녀들의 비결이 되어 왔습니다. 이 비결이 우리에게도 해당될까요? 여러분은 의식적으로 하나님과 함께 걷는 것이 무엇인지 아십니까? 세상이 무엇을 하든지 무엇을 말하든지 이것이 우리의 가장 큰 욕구가 되고 있습니까? 그분과의 친근함을 즐기며 그분이 보시기에 참으로 기뻐하시는 자가 되는 것이 우리들의 가장 큰 관심사가 되고 있습니까? 에녹이 이와 같았기 때문에 하나님께서는 그를 변화시키셨던 것입니다.

저는 옛 웨일즈 설교자가 이것을 표현한 방식을 좋아합니다. 그 설교자는 다음과 같이 표현하였습니다.

> 하나님과 동행하던 이 사람, 바로 에녹이 있었습니다. 그는 모든 날을 하나님께 나아가려 했고 하나님을 찾고자 했습니다. 그리고 하나님과 에녹은 함께 걸었을 것입니다. 함께 걷고 나서는 하나님은 이렇게 말씀하셨을 것입니다. '음, 이제 헤어져야겠구나. 너도 집에 가서 쉬렴. 내일 아침에 일어나 너의 일을 하거라. 내일 다시 너를 보러 오마.'
>
> [그 설교자가 말하기를] 이것이 에녹이 살던 삶이었습니다. 이것은 에녹에게 가장 큰 기쁨이었습니다. 물론 에녹은 해야 할 일이 있었지만, 그는 항상 하나님과 동행하고 그분의 친근함을 즐기는 것에 자기 자신을 철저하고도 절대적으로 내맡길 수 있는

때를 찾았습니다.

　우리가 읽은 것처럼 그는 매일 이런 것을 즐거워했으며, 그것도 수 백 년을 그렇게 했습니다. 그러다가 자신의 일과를 마치고 평소 때처럼 하나님이 자신을 기다리시며, 함께 걷곤 했던 그런 만남의 장소로 가던 어느 날, 그 날은 놀라운 날이 되었습니다. 하나님께서는 이전에 그 정도로까지 사랑하신 적이 없었습니다. 그분이 그렇게까지 친절을 베푸신 날이 없었습니다. 그리고 에녹도 그렇게 행복했던 날이 없었습니다.

　그 때가 왔던 것입니다. 그 특별한 때 말입니다. 하나님께서는 평소에, '자, 오늘도 이만 헤어져야겠구나. 내일 우리 또 함께 만나자구나.' 라고 말씀하시곤 했습니다.

　그러나 이번에는 하나님께서 그렇게 말씀하시지 않았습니다. 그분은, '에녹, 우리는 지금까지 오랜 시간을 함께 했었지. 너도 그 시간들을 즐거워했었고, 나도 즐거워했단다. 오늘밤은 너에게 "이제 집에 가서 쉬고 내일 아침에 일어나 너의 일을 하고 나를 찾거라"고 말하지 않겠다.' 그분은 이렇게 말씀하셨던 것입니다. '집에 가지 말거라. 나와 함께 가자!'

　그래서 하나님은 그를 데려가셨고, 그는 더 이상 보이지 않게 되었습니다. 하나님께서 그를 영원한 곳으로 데려가셨던 것입니다. 그 영원한 교제는 절대적인 것이었습니다. 결코 한 번도 깨지거나 중지된 일이 없었던 교제가 있었던 것입니다.

　이 모든 것은 옛 설교자의 상상이었습니다만 이 이야기 속에

심오한 진리가 있습니다. 여러분과 저는 정말로 많든지 적든지 간에 이렇게 될 수 있는 하나님에 대한 사적인 지식을 소유해야만 하겠습니다. 죽음이란 무엇입니까? 죽음이란 단지 이런 것이 아닐까요. 하나님께서 우리에게 이렇게 말씀하시는 것 말입니다. '좋다, 나는 더 이상 너를 이 옛 세상에 남겨두지 않을 것이다. 함께 가자. 영원히 나와 함께 있자! 나의 사랑하는 아들이 너를 위해 준비한 영원한 곳으로 가자. 집에 가자. 나와 함께 가자. 그리고 영원한 상속을 위해, 영원한 삶을 위해, 나의 임재 속에 서 있을 영원한 삶을 위해 나와 함께 가자. 나의 집으로 함께 가자!'

3장

아브라함
하나님과의 우정

영접하는 자 곧 그 이름을 믿는 자들에게는
하나님의 자녀가 되는 권세를 주셨으니
이는 혈통으로나 육정으로나 사람의 뜻으로 나지 아니하고
오직 하나님께로서 난 자들이니라
(요한복음 1:12-13)

믿음으로 아브라함은 부르심을 받았을 때에 순종하여
장래 기업으로 받을 땅에 나갈새 갈 바를 알지 못하고 나갔으며
믿음으로 저가 외방에 있는 것같이 약속하신 땅에 우거하여
동일한 약속을 유업으로 함께 받은 이삭과 야곱으로 더불어 장막에 거하였으니
이는 하나님의 경영하시고 지으실 터가 있는 성을 바랐음이니라
믿음으로 사라 자신도 나이 늙어 단산하였으나 잉태하는 힘을 얻었으니
이는 약속하신 이를 미쁘신 줄 앎이라
이러므로 죽은 자와 방불한 한 사람으로 말미암아 하늘에 허다한 별과
또 해변의 무수한 모래와 같이 많이 생육하였느니라
(히브리서 11:8-12)

주님께서 함부로 심판하지 않으시니
그분의 은혜로 그분을 신뢰할지어다
하나님의 섭리가 유쾌하게 보이지 않을지라도
그 뒤에서 하나님은 자신의 얼굴을 감추고 계신다네

-윌리엄 쿠퍼(Wiliam Cowper) -

우리는 이제 아브라함의 위대한 이야기에 이르게 되었습니다. 다시 한 번 우리에게 강한 인상을 남기는 것은, 각자의 형편에 따라 좀 특이한 특징은 있었을지라도 이 모든 사람들의 삶을 통제한 근본적인 원칙은 정확히 동일한 믿음, 동일한 확신이었다는 것입니다. 이것은 히브리서 기자가 히브리인들에게 자신을 조예가 깊은 선생으로 보여준 대목이기도 합니다. 그는 조금도, "구약성경을 다시 살펴보시기 바랍니다. 그러면 믿음의 원리대로 살았던 여러분의 조상을 찾을 수 있을 것입니다."라고 말하지 않았습니다. 그렇습니다. 그는 이들 각자에 대한 확실하고도 두드러진 진리를 끄집어내고 있습니다. 그가 이렇게 한 것은 이 사람들이 많은 면에서 달랐기 때문입니다. 그들은 기질적으로나 당면한 상황으로 보나 서로 달랐습니다. 그는 또한 우리들 역시 많은 면에서 다르다는 것을 알았습니다. 그래서 그는 우리에게 이들 모두에 대한 뭔가 자세한 내용들을 제공하고 있는 것입니다. 그렇게 하는 것은 어디에서나 혹은 또 다른 곳에서든지 우리의 경우와 우리의 특별한 위치도 포함시키고자 함이었습니다. 그렇게 해서 우리가 필요로 하는 평안을 제공해주려고 한 것입니다.

믿음의 확신

이제 여기서 또 한 번 큰 그림이 그려지는데, 그것은 아브라함이 실천하며 살았던 바로 그 사람이었으며, 그가 그렇게 된 것은 하나님과의 관계와 그를 향한 하나님의 목적에 대하여 절대적인 확신을 가졌기 때문이었습니다. 이것은 그의 비결이기도 했습니다. 그는 무언가 비범하고 놀라운 일들을 했습니다. 그렇습니다. 그러나 그가 그런 일들을 하도록 만든 원동력은 바로 구원의 확신, 그리고 믿음에 대한 위대한 확신과 소망을 소유했었기 때문에 가능했습니다.

바로 이것이 우리가 아브라함에 대하여 반복적으로 관심을 갖게 만드는 점입니다. 그가 살던 옛집을 떠나기 전에, 아브라함은 자신이 지내왔고, 그의 선조들이 항상 살던 그 곳에서 다음과 같은 말씀으로 확신을 받았습니다.

"여호와께서 아브람에게 이르시되 너는 너의 본토 친척 아비 집을 떠나 내가 네게 지시할 땅으로 가라 내가 너로 큰 민족을 이루고 네게 복을 주어 네 이름을 창대케 하리니 너는 복의 근원이 될지라"(창세기 12:1-2).

하나님께서 아브라함에게 이 확신을 주셨습니다. 이 확신은 아브라함의 이야기를 관통해 흐르는 원리입니다. 이 약속은 창세기 15장 1절을 통해 반복되었습니다.

"이 후에 여호와의 말씀이 이상 중에 아브람에게 임하여 가라사대 아브람아 두려워 말라 나는 너의 방패요 너의 지극히 큰 상급이니라."

그리고 이 약속은 여러 번 다른 때에 반복되었습니다. 17장과 18장 등에서 그것을 볼 수 있습니다.

이것은 가장 중요한 원리입니다. 이 점은 제가 되풀이해서 말하고자 하는 것이기도 합니다. 이것은 또한 모든 가르침이기도 합니다. 확신의 가장 최상위의 모습은 성경에서 여러분 자신을 추론해내는 것이 아니라, 하나님을 통해 주어지는 확신입니다.

'성령이 친히 우리 영으로 더불어 우리가 하나님의 자녀인 것을 증거하시나니' (로마서 8:16).

바로 이 확신이 모든 그리스도인이 즐거워해야 할 확신이며, 이 확신은 기쁨의 능력과 충만함을 주는 확신입니다. 이 확신은 존 웨슬리(John Wesley)로 하여금 의기소침한 신자에서 새로운 사람으로 변화시킨 확신이기도 합니다. 그런 전환점이 있기 전에도 그는 엄연히 그리스도인이었습니다. 그러나 그는 확신도 없었고 목회 사역에서도 비참할 정도로 실패했던 그런 사람이었습니다. 그런 그가 자신의 죄, 심지어 자신까지도 용서함을 받았다는 이 확신을 받은 그 순간, 그는 변화되었던 것입니다. 그는 이제 능력으로 충만하게 되었습니다. 이것은 루터(Luther)에게도 동일한 사건이었습니다. 그리고 휫필드(Whitefield)에게도 마찬가지였습니다. 모든 위대한 기독교 지도자들에게도 동일한 것이었습니다.

하나님의 친구

그런데 이보다 더한 것이 있습니다. 우리는 야고보서에서 그것을 보게 됩니다.

'이에 경에 이른바 아브라함이 하나님을 믿으니 이것을 의로 여기셨다는 말씀이 응하였고 그는 하나님의 벗이라 칭함을 받았나니' (야고보서 2:24).

바로 이 점이 놀라운 점이라는 것입니다. 우리는 '하나님과 동행한' 에녹을 살펴보았습니다. 그리고 우리는 동행한다는 것이 무엇을 함축하고 있는가에 대한 것도 살펴보았습니다. 그런데 여기서 우리는 아브라함이 하나님의 벗으로 불리는 것을 보게 됩니다.

야고보는 구약성경의 여러 다른 곳에서 아브라함이 하나님의 벗으로 언급된 진술을 언급하고 있습니다. 그리고 하나님께서 아브라함에게 친히 그러하셨다는 것은 의심의 여지가 없습니다. 친구라 함은 사적인 비밀도 말하는 사람입니다.

여러분은 시민으로서 다른 사람과 교제할 수 있습니다. 함께 만나면 서로 행복해 하고 같이 온 사람들로 인해 즐거워할 수도 있습니다. 그러나 그들은 친구라 할 수 없습니다. 친구라 함은 여러분이 택하여 마음에 두고, 또 나의 마음을 열고 내가 신뢰할 수 있는 그런 사람입니다. 이런 것이 바로 우정이지요! 이것은 결혼하지 않은 남녀 간에도 가능한 가장 고상한 관계입니다. 이런 맥락에서 우리는 아브라함이 하나님의 벗이었다는 것을 보게 되며, 그분은 그를 벗으로 대우하셨다는 작은 증거도 보게 됩니다.

여러분이 창세기에서 아브라함에 대한 위대한 장들을 읽어보시면, 하나님께서 대개 아브라함을 부르시면서, '너에게 뭔가 말할 것이 있다'는 식으로 말씀하셨다는 것을 보게 될 것입니다. 하나님께서 아브라함에게 소돔과 고모라에게 하실 일을 말씀하시는 때를 읽어보십시오. 그분은 아브라함에 말씀도 안 하시고 이 도시들을 멸망시키지 않으셨습니다. 아브라함은 미리 경고를 받았습니다. 그는 이 모든 멸망의 계획에 대하여 들은 것입니다. 하나님께서는 그가 비밀스런 계획을 알도록 하셨습니다. 하나님께서는 아브라함을 항상 이런 식으로 대우하셨습니다.

구약성경의 시대

이렇듯 아브라함의 경우는 우리로 잠시 멈추어 구약성경의 시대에는 확신이 어떤 식으로 주어졌는가에 대하여 살펴보도록 만듭니다. 이것은 큰 관심거리가 아닐 수 없습니다. 어떻게 하나님께서 이스라엘 백성들이 알도록 하셨을까요? 여러 가지 방법이 있었습니다.

환상을 통해서 하시기도 했습니다. 창세기 15장 1절을 보면, '이 후에 여호와의 말씀이 이상 중에 아브람에게 임하여' 라고 기록되어 있습니다. 그에게 말씀이 주어질 때 성령이 임하지 않았습니다. 하나님께서 여러 번 환상을 통해서 확신을 주셨기 때문입니다. 환상을 본다는 것은 외모나 어떤 것의 묘사를 본다는 것이 아니고 실제적인 것을 본다는 것입니다. 구약성경의 위인들에게는 이런 환상이 주어졌습니다. 그러나 아브라함만큼 많이 주어지지는 않았을 것입니다.

꿈을 통해서도 하셨습니다. 여러분이 알고 있어야 할 것은 신약성경에는 꿈을 통해 이루어진 것이 많지 않았지만 구약성경에는 하나님께서 꿈을 통해 말씀하신 예들이 셀 수도 없을 정도였다는 것입니다. 어떤 이는 잠에서 깨고 나서 이렇게 말하기도 했습니다. "무슨 일이 벌어 진거지?" 바로 하나님께서 말씀하셨기 때문이었습니다. 그는 앞으로 이루어 질 일을 넌지시 지시 받거나, 그렇지 않으면 다른 사람이 그 일을 하기를 바라셨던 것입니다.

하나님께서 친히 모습을 보이심(theophany)으로 하셨습니다. 하나님께서 자신의 목적을 계시하신 것 중에 강한 인상을 준 또 다른 것으로는 친히 모습을 드러내신 일입니다. 하나님의 모습으로도 드러내시고, 특별하게는 주 예수 그리스도의 모습으로 나타나셨습니다.

세 사람이 아브라함에게 다가와 소돔과 고모라의 멸망을 말해주었을 때, 그 사실을 알려준 이는 바로 주 예수 그리스도이셨습니다. 그러나 성육신으로 나타나신 것은 아니었고, 모습으로 나타나셨습니다. 베들레헴의 아기로 태어나시기 전, 그분은 천사의 모습으로, 어떤 때는 사람의 모습으로 오셔서 마치 아브라함처럼 사람들에게 말씀하기도 하셨습니다.

그리고 마음에 강한 인상을 남기심으로 하셨습니다. 이것에 덧붙여, 성령에 의해 마음에 강한 인상이 심겨지기도 했습니다. 의심할 여지없이 그와 같은 일이 선지자들에게 일어났습니다. 그런 일이 일어난 때는 선지자들이 "주의 말씀이 임하였느니라."라고 말하던 바로 그 때였습니다.

신약성경의 시대

그러므로 제가 보기에는, 현재 이 부분에 이르러 히브리서 기자의 모든 논쟁이 집약된 것을 보게 되는 것 같습니다. 그는 이렇게 말하고 있는 셈입니다. '만일 하나님께서 이들 구약성경의 위인들에게 확신을 주셨다면 여러분에게는 얼마나 더 많은 확신을 주시겠습니까!

하나님께서는 과연 구약에 기록된 그런 방식으로 구약성경의 위인들을 대우하셨습니다. 오직 그런 방법들만을 통하여 그들에게 말씀하실 수밖에 없었습니다. 그러나 이제 여러분은 매우 다른 입장에 있게 되었습니다. 성육신이 이루어졌습니다. 하나님의 아들이신 그분이 우리 가운데 오신 것입니다. 그분은 천사의 본성을 취하신 것이 아니라 아브라함의 씨를 취하셨습니다. 그분은 사람들 가운데 거하시는 사람이 되셨습니다. 그리고 십자가에서 죽으셨습니다. 그는 그렇게 사역을 마치시고 이전에는 결코 하시지 않은 방식으로 성령을 보내셨던 것입니다.'

요한복음 7장 37-39절의 예언이 실제로 이루어진 것입니다.

이렇게 말씀했습니다.

'예수께서 아직 영광을 받지 못하신 고로 성령이 아직 저희에게 계시지 아니하시더라' (요한복음 7:39).

그러나 예수께서는 이제 영광을 받으셨고 성령께서 오셨습니다. 그분은 모든 육체 위에 성령을 부으셨고 더 이상 그런 부으심은 없을 정도였습니다. 그러므로 히브리서 기자가 말한 대로, 여러분이 이 모든 사실들 가운데서 도출해야 할 것은, 만일 구약성경의 위인들이 단순히 이런 사실들을 아득히 먼 것으로 보면서 확신을 가진 것이라면, 그리고 그들이 단지 그렇게 아득히 먼 것으로 보며 확신을 가진 것으로도 그렇게 기뻐하고, 이것을 통해 힘을 얻어 걸을 수 있었고, 더 나아가 이것으로 세상의 영과 육과 마귀와 싸워 이기고 승리했다면 여러분은 이들보다 훨씬 더 많이 기뻐해야 되지 않겠느냐는 것입니다. 즉 세상의 끝날이 오고 있는 지금, 이 새로운 성령의 분배를 받고 그리스도인의 영역에 들어선 여러분들이 훨씬 더 많이 기뻐해야 되지 않겠느냐는 말씀인 것입니다!

그러므로 동일한 논증이 우리에게도 적용되는 것입니다. 우리는 또한 아브라함, 그리고 여기 히브리서에서 언급된 다른 모든 이들보다 더 월등한 위치에 있습니다. 왜냐하면 우리는 신약성경의 때를 살아가고 있기 때문입니다. 그러므로 우리가 스스로에게 던져야 할 질문은 다음과 같은 것이 되겠습니다.

'우리는 이 위대한 확신을 즐거워하고 있는가? 우리는 아브라함이 악한 세상 속을 헤쳐 나갔던 것처럼 그렇게 걸을 수 있는가? 그는 구원을 가졌기 때문에 그렇게 할 수 있었다. 우리도 그렇게 하고 있는가? 성령께서 우리의 영과 더불어 우리가 하나님의 자녀라는 것을 증거하고 계시는가? 우리는 주님을 즐거워하고 있는가? 우리는 이런 것들로 인해 아무 것도 우리를 위협하고 좌절시킬 수 없다는 확신을 가지고 있는가?

아브라함에게서 배울 것

그 어떤 설교자에게도 매혹적인 것이 되는 것 — 제가 확신하건데, 세상의 학문을 공부하는 이들도 동일한 매혹을 느끼는 것 — 은 기자가 아브라함의 이야기에서 정확히 서술하고 있는 것을 주목할 때입니다. 그가 선택받았음을 보게 되는 것은 대단한 관심거리입니다. 그는 아브라함에 대한 기사를 완전하게 기술하지는 않았습니다. 그렇습니다. 그는 한 가지 실례를 들어 말할 수 있는 것을 택하였습니다. 즉 창세기에서 볼 수 있는 풍성한 기록 중에서 그의 요점을 조명하는데 도움이 될 만한 요소들만을 꼭 집어서 말하고 있습니다. 완전한 요점에 집중하고 있기 때문에 우리는 그를 따라야 하겠습니다.

아브라함의 특징들

아브라함으로 하여금 그가 그런 사람이 되도록 한 것은 무엇이었을까요? 어떻게 그는 하나님의 벗이라 불릴 수 있었을까요? 어떻게 그런 일이 그에게 일어났을까요? 어떻게 해서 그는 모든 믿음있는 자들의 조상이라는 칭호를 받았을까요? 갈라디아서에서는 그리스도인들을 '아브라함의 씨'로 묘사했습니다. 모든 믿음의 자녀들은 아브라함의 자녀들이라는 것입니다. 그는 믿음의 삶을 살아간 위대한 본보기가 되었습니다. 그렇다면 그의 특징들은 무엇이었을까요?

그는 하나님을 믿었다

물론 첫 번째의 것으로, 항상 그를 그렇게 만든 진술이 있습니다. 바로 '아브라함이 하나님을 믿으매'라는 진술입니다(갈라디아서 3:6). 그것이 비결이었습니다. 그것은 근본적인 요점이기도 합니다.

결국 믿음이라는 것은 단순히 남자나 여자나 하나님을 믿었다는 것을 의미합니다. 그들은 하나님께서 말씀하신 것을 모두 믿습니다. 그리고 하나님께서 예언하신 모든 것과 하나님께서 계시하시기를 기뻐하신 모든 것도 믿습니다. 그들은 이것을 믿고 이것에 자신을 복종시킵니다. 그리고 아브라함도 그렇게 했습니다.

그러나 물론 특별하게는, 아브라함은 그분의 위대한 목적에 관한 것을 믿었습니다. 이것은 성경을 관통해 흐르는 놀라운 주제이기도 합니다. 우리는 이것을 이미 가인과 반대되는 아벨의 경우를 통해서 살펴보았습니다. 이것은 전 인류를 근본적으로 나누는 요점이 되었습니다.

하나님께서는 완벽한 세상을 만들어 놓으시고 그곳에 아담과 이브를 두셨습니다. 모든 것이 낙원이었습니다. 완벽했습니다. 그리고 하나님께서는 그러한 것을 바라보시고 좋아하셨습니다. 그러나 아담과 이브는 그들의 어리석음으로 반역하고 범죄하여 혼란을 불러 들였습니다.

그리고 여러분이 기억하시는 것처럼 하나님께서 오셔서 에덴동산에서 말씀하신 진술로 역사의 전망과 그분의 목적에 대한 첫 번째 암시를 제공하셨습니다. 그분은 여자의 후손과 뱀의 후손 사이에 치열한 전쟁이 있을 것이라고 하셨습니다. 그것은 이 죄에 대한 징벌이었습니다 — 여기 하나님의 목적하심이 있습니다 — 여자의 후손은 사탄의 머리를 부수어 뜨릴 것이라는 말씀이었습니다(창세기 3:15).

이렇듯 성경은 하나님의 구속의 계획에 대한 것과 이 구속의 준비, 이 구속의 완성과 이 구속의 적용에 대한 기술로 충만하다 하겠습니다.

당연히 기독교와 구원의 본질은 이러한 근본적인 계획 가운데 있는 믿음입니다. 이 세상에 존재하게 된 모든 사람들에 대하여 테스트 해 볼 수 있는 것은, 그들이 자신들의 삶의 모든 면을 통제하도록 이 계획을 믿고 허용하는가에 있습니다. 그리고 아브라함의 위대한 점은 그가 이렇게 했다는 것입니다. 그는 이교도의 신앙에서 선택받은 사람이었습니다. 갈대아 우르는 이교도의 사회였습니다. 그러나 하나님께서 그에게 말씀하셨고 그는 하나님을 믿었습니다. 그렇게 믿음으로써 이렇듯 뒤 따르는 모든 결과를 볼 수 있게 된 것입니다.

하나님의 구원 계획은 종종 언약이라는 용어로 표현되었습니다. 하나님께서 아브라함에게 오셔서 그를 통하여 세상의 모든 나라들이 복을 받을 것이라고 말씀하셨을 때, 그는 그 말씀이 단지 보이는 사건에 대한 진술만이 아니라 아주 위대한 영적인 내용도 함축하고 있음을 깨달았습니다. 그는 하나님께서 구원의 모든 내용을 말씀하고 계시다는 것을 깨달았던 것입니다.

구약성경과 신약성경 모두에서 '언약'(covenant)이라는 단어가 반복해서 나오는 것은, 우리로 하여금 하나님께서 자신과 자신의 성품과 이 세상과 이 세상의 사람들에 대한 그분의 목적을 계시해주신 위대한 요점을 확고히 붙잡도록 도와줍니다. 그리고 그분은 이것이 구원의 목적이라고 계시하셨습니다. 그렇기 때문에 사도 바울은 로마에 있는 그리스도인들에게 다음과 같이 썼던 것입니다.

'우리가 알거니와 하나님을 사랑하는 자 곧 그 뜻대로 부르심을 입은 자들에게는 모든 것이 합력하여 선을 이루느니라'
(로마서 8:28).

하나님의 목적은 모든 것을 결정지으며, 이 목적을 따라 부르심 받은 모든 이들은 하나님의 자녀입니다. 아브라함은 바로 이것을 들었던 것이며, 이것을 믿은 것입니다.

다른 말로, 아브라함은 하나님께서 그가 이교도주의로 인해 잃어버린 자이며, 하나님의 저주 아래 있는 사람이라고 말씀하신 것을 믿었고, 아무도 그를 구원해줄 수 없다고 말씀하신 것도 믿었다고 할 수 있습니다.

아무리 선한 사람이라 해도, 그리고 그들의 탁월한 업적도 하나님께서 보시기에는 충분하지 않은 것입니다. 그래서 바울은 다음과 같이 말했던 것입니다.

'아브라함이 하나님을 믿으매 이것을 그에게 의로 정하셨다 함과 같으니라' (갈라디아서 3:6).

그렇기에 아브라함은 기록된 것처럼, 오직 믿음으로 의롭다고 칭함(칭의(稱義), justification)을 받는 것을 믿는 모든 자들의 믿음의 조상이 된 것입니다. 그리고 이것은 그가 왜 그렇게 자주 신약성경에서 논증의 모델로서 언급이 되는가에 대한 이유가 되기도 합니다. 사도 바울은 로마서 4장의 거의 모든 내용을 아브라함의 경우를 다루는데 쏟아 부었습니다. 그리고 아브라함은 야고보와 히브리서 기자에 의해서도 인용되었습니다.

오직 믿음으로 의롭다는 칭함을 받는 것에 대한 교리보다 더 사활(死活)을 좌우하는 것도 없습니다. 교회 안의 아주 무수한 사람들이 행복해 하지 않습니다. 왜냐하면 그들은 자신들이 의로워져야 한다고 생각하기 때문입니다 ― 이렇게 생각하는 사람들은 얼마 안 가서나 좀 늦던지 간에 비참함에 사로잡히게 됩니다. 자신을 정직하게 바라보는 사람이라면 만족함을 못 느낄 것입니다. 또 신앙위인들을 바라본다면 자신들은 결코 그런 일을 이룬 적이 없는 아무 것도 아닌 존재라고 느낄 것입니다. 그들은 그리스도의 얼굴을 보게 된다면 압도당할 것입니다. 또 하나님의 거룩한 율법의 심판을 흘끗 보기라도 한다면 자신들의 모든 상태가 위험한 상태에 있다는 것을 깨닫게 될 것입니다. 이들이 과연 무엇을 할 수 있겠습니까? 그 대답은 하나님의 계시 — 그리스도 안에서 믿음으로 의롭다 칭함을 받게 하는 하나님의 목적에 있습니다.

우리 주님께서 이것을 얼마나 흥미로운 방식으로 가르치셨는가를 보여드리겠습니다. '아브라함이 하나님을 믿으매' 라는 말씀의 의미 속에 그 본질이 있습니다.

'너희 조상 아브라함은 나의 때 볼 것을 즐거워하다가 보고 기뻐하였느니라' (요한복음 8:56).

다른 말로, 하나님께서는 자신이 어떻게 구속의 목적을 실현하실 것인지를 아브라함에게 계시하셨다는 것입니다. 이것을 절대로 잊지 마시기 바랍니다. 이것은 가장 결정적인 진술이기도 합니다. 이들 구약성경의 신앙위인들은 그리스도 안에서 이루어질 모든 것에 대한 앞으로의 전망을 받았습니다. 우리는 여기 히브리서 11장에서 그것을 보게 됩니다. 그들은 '멀리서' 그것을 보았다고 말씀했습니다(13절). 그들은 완전히 이해하지는 못했지만 즐거워할 수 있을 만큼 충분히 보았던 것입니다.

하나님께서는 아브라함에게 다음과 같이 말씀하신 셈입니다.

'때가 차면 내가 나의 아들을 보낼 것이다. 나는 그를 사람으로 만들 것이고 그에게 모든 사람의 죄를 씌울 것이다. 나는 그를 칠 것이고 그의 안에서 죄를 심판할 것이다. 그는 구속의 길이 될 것이며 그를 믿는 모든 이들은 구원을 받을 것이다. 또한 그를 믿지 않는 모든 이들은 잃어버린 자들이 될 것이다.' 이것이 메시지였습니다. 그리스도 안에 있는 이 웅장한 목적은 믿는 이들을 구원하는 것이었습니다. 오직 믿음으로 의롭다함을 받는 것입니다!

'행위에서 난 것이 아니니 이는 누구든지 자랑치 못하게 함이 니라' (에베소서 2:9).

아브라함은 하나님을 믿었습니다. 그는 구원(救援, salvation) 과 구속(救贖, redemption)에 대한 하나님의 목적을 믿었습니다. 그는 믿음의 사람이 되었습니다. 이것을 깨닫는 우리에게 이 사실은 매우 중요한 점이 됩니다.

믿음은 어둠 속을 걸어가는 것도 아니요, 용기를 계속 심어주려고 휘파람을 불어대는 것도 아닙니다. 믿음은 바로 하나님을 믿는 것입니다! 이것은 막연한 소망이 아닙니다. 믿음은 무엇을 믿는지를 아는 것입니다. '믿음은 바라는 것들의 실상이요 보지 못하는 것들의 증거' 입니다.

아브라함은 또한 하나님께서 이 세상의 삶과 다가올 세상의 삶에 대하여 말씀하신 것을 믿었습니다.

'이는 하나님의 경영하시고 지으실 터가 있는 성을 바랐음이 니라' (10절).

아브라함은 하나님께서 다음과 같이 말씀하실 때 하신 말씀을 믿었습니다. '세상에서 사람들은 두 부류로 나누어지기 마련이다. 너는 어느 부류에 속하였느냐? 내가 너에게 한 번 듣고 생각해보라고 요청한다. 너는 이교도주의를 버려야 한다. 너는 너를 위해 내가 계획한 삶을 살아야 한다. 너는 나의 백성 중의 하나가 되어야 한다.'

이 말씀은 이 세상을 살아가는 우리의 삶의 자세에 대한 도전이 되는 말씀입니다. 우리가 살펴 본 사람들은 모두 세상과 분리되었던 사람들입니다. 그들은 세상 속에서 살았으나 세상에 속하지는 않았습니다. 아브라함은 올바른 선택함을 받았고, 매우 기뻐하게 되었습니다.

그는 하나님에게 순종하였다

아브라함의 두 번째 특징 또한 매우 중요한데, 그것은 그가 하나님에게 순종하였다는 것입니다. 또한 이 점은 야고보가 그의 서신 2장에서 아브라함에 대하여 언급하였을 때 지적한 요점이기도 합니다.

바울과 야고보 사이에 서로 반대되는 것은 아무 것도 없습니다. 그들은 단일하고 위대한 믿음의 두 가지 면들을 강조했을 뿐입니다. 바울의 메시지는, 행위는 가치가 없으며, 오직 믿음으로 의롭게 된다는 것이었습니다. 그리고 야고보는 '행위가 뒷받침되지 않는 믿음' 의 진상에 곧바로 강조점을 두었던 것입니다(야고보서 2:17). 즉 야고보는 기계적인 신앙주의(mechanical believism, 스코필드 주석과 샌디먼파의 영향으로 단지 믿기만 하면 구원 얻는다는 주의. 이로 인해 거짓 그리스도인이 많이 양산되었다 — 옮긴이), 또는 진리를 지적으로만 받아들이는 것과 참된 믿음 사이의 차이점을 보여준 것입니다. 여러분이 참된 믿음을 지녔다면, 믿는다고 말한 대로 실천할 것입니다.

그러므로 우리는 아브라함이 하나님에게 순종했다는 사실을 강조해야만 하겠습니다. 이 사실에 대한 아주 훌륭한 것이 있습니다. 성경이 아주 놀라운 책이라는 것을 보여주는 대목도 이 부분입니다. 여러분과 저는 날마다 성경을 살핀다고 하면서도 이런 본질적이고 중심적인 영광들을 너무나 자주 놓치는 것은 아닌지 모르겠습니다. 창세기 12장에 있는 진술을 살펴보십시오. 심오한 의미를 그렇게 담고 있으면서도 간결하게 묘사한 이 진술을 살펴보십시오.

'여호와께서 아브람에게 이르시되 너는 너의 본토 친척 아비 집을 떠나 내가 네게 지시할 땅으로 가라 내가 너로 큰 민족을 이루고 네게 복을 주어 네 이름을 창대케 하리니 너는 복의 근원이 될지라 너를 축복하는 자에게는 내가 복을 내리고 너를 저주하는 자에게는 내가 저주하리니 땅의 모든 족속이 너를 인하여 복을 얻을 것이니라 하신지라 이에 아브람이 여호와의 말씀을 좇아 갔고 롯도 그와 함께 갔으며 아브람이 하란을 떠날 때에 그 나이 칠십 오세였더라'(창세기 12:1-4).

우리는 지금 이 모든 진술을 읽어 보았습니다. 하나님께서 '떠나라'고 말씀하신 것입니다. 그리고 아브라함은 떠났습니다!

이것은 히브리서 기자가 강조한 것이기도 합니다.

'믿음으로 아브라함은 부르심을 받았을 때에 순종하여 장래 기업으로 받을 땅에 나갈새 갈 바를 알지 못하고 나갔으며' (8절).

여러분이 갑자기 일어나서 여러분의 조상들이 대대로 살았던 땅을 떠난다고 하는 것은 작은 일이 아닙니다. 그 일은 여러분의 모든 협력자들, 친척과 친구들을 떠나는 일이기도 합니다.

그리고 모든 참된 그리스도인들은 이것이 무엇인가를 압니다. 분리가 있었던 것입니다. 여러분은 여러분이 몸담고 있던 곳을 떠나는 것입니다. 그리고 여러분의 본성을 떠나는 것이기도 합니다. 여러분은 그렇게 나아갑니다. 그것이 바로 믿음인 것입니다! 그것은 또한 구원과 구속을 향한 하나님의 부르심에 순종하는 것이기도 합니다. 그것은 출발이기도 하며 느슨한 것을 자르는 것이기도 하고, 뭔가를 버리는 것이기도 합니다. 결과가 어떠하든지 무엇을 잃든지 간에 여러분은 그렇게 하나님께서 여러분을 부르신 곳으로 걸어 나아가는 것입니다.

'아브라함은 순종했습니다. 장차 어디로 가는 지도 알지 못한 채 그는 떠났던 것입니다.'

그는 하나님을 기쁘시게 할 것을 구했다

저를 이끌고 있는 이 사람 아브라함에 대한 세 번째 위대한 특징은, 이제 마지막으로 강조되어야져야 할 부분인 것 같습니다. 아브라함의 가장 큰 목적은 하나님을 기쁘시게 하는 것과 하나님에게 축복을 받는 것이었습니다. 창세기에 기록된 아브라함의 이야기를 다시 읽어 보십시오. 그러면 이것이 언제나 아브라함의 마음 가운데 큰 부분을 차지하고 있었음을 알게 되실 것입니다.

우리는 창세기에서 아브라함과 그의 동반자이자 친척인 롯과 논쟁하는 모습을 볼 수 있습니다. 그들은 여행을 하다가 그들 앞에 있는 어떤 땅을 보게 됩니다. 소돔과 고모라가 있는 땅에는 비옥한 평야가 있었습니다. 그리고 언덕도 있었습니다. 아브라함은 롯보다 연장자이고 자신이 먼저 선택할 권리도 갖고 있었습니다. 그러나 그는 그런 식으로 땅을 갖지 않았습니다. 그도 기름진 평야를 볼 수 있었지만 더불어 소돔과 고모라도 보았습니다.

롯은 소돔과 고모라의 상태를 알지 못했습니다. 그래서 그 땅을 택하였습니다. 그는 부와 풍요로운 삶을 갖춘 모든 것을 원했습니다. 그가 더 부유한 땅을 선택한 반면, 아브라함은 언덕 꼭대기에서 그의 양들을 유지하는 것에 만족했습니다.

아브라함이 그런 결정을 할 수 있었던 것은 그의 눈이 항상 하나님에게 고정되었기 때문이었습니다. '그는 터가 있는 한 도시를 보았습니다. 그 도시를 세우고 만든 자는 바로 하나님이었습니다.' 그는 이 세상의 삶을 위해 살지 않았습니다. 그는 가축도 있고 부유한 사람이었습니다. 그는 더 부유해질 수 있었습니다. 그러나 그의 비결은 바로 '하나님이 최우선'이라는 것에 있었습니다. 그는 항상 하나님을 기쁘시게 하려고 하였습니다.

뒤에 가서 우리는 또 다른 실례를 보게 됩니다. 아브라함은 소돔과 고모라를 공격한 왕으로부터 롯을 구하게 됩니다. 그리고 그는 같은 적으로부터 어떤 남쪽 왕들도 구할 수 있었습니다. 그래서 소돔 왕은 그에게 매우 큰 상급을 주기를 원했습니다. 그러나 아브라함은 거절했습니다. 그가 그렇게 한 것은 하나님을 위해서였습니다. 하나님께서는 그에게, "나는 너의 방패요 너의 지극히 큰 상급이니라."(창세기 15:1)고 말씀하셨습니다. 그리고 하나님께서 그의 방패가 되셨기에 그는 적들을 정복할 수 있었습니다. 그러나 하나님께서는 그뿐만 아니라 그의 '지극히 큰 상급'이 되셨다고 했습니다. 그는 소돔 왕과 같은 사람에게서 다른 어떤 상급도 바라지 않았습니다. 아니오, 아니었습니다! 하나님 한 분만으로 충분했던 것입니다. 하나님이 우선이었습니다. 아브라함은 이런 위대한 원동력과 이 원동력으로 생각을 통제하는 것으로 인하여 항상 생기가 넘쳤습니다.

아주 간단히 말해서, 이런 것들이 아브라함의 특징들이었으며, 이런 특징들로 그는 그와 같은 사람이 되었습니다.

확신이 주는 축복들

이제 우리는 두 번째 요점에 이르게 되었습니다. 이 모든 확신의 가장 큰 축복이 우리에게 주는 것은 하나님에 대한 지식입니다. 우리는 그분의 성품을 알고 있습니다. 세상에서 하나님에 대한 것들을 믿는다고 하는 것과 그분을 실제로 알고 있는 것 사이에는 모두 차이점이 있습니다. 확신은 지식을 제공합니다. 하나님께서는 사람들에게 말씀하시고, 자신의 비밀들을 드러내심으로써 그분은 친히 자신에 대한 계시를 주셨습니다.

하나님을 안다는 것

우리는 이러한 것을 소돔과 고모라 문제로 아브라함이 하나님에게 언급했던 단 하나의 위대한 구절에서 분명히 볼 수 있습니다. '세상을 심판하시는 이가 공의를 행하실 것이 아니니이까?' 라는 말씀입니다(창세기 18:25). 여러분도 보시는 것처럼 아브라함은 하나님을 알았습니다! 이처럼 아브라함은 하나님에게, '당신이 무엇을 하시던 간에 저는 당신이 결코 어떤 잘못도 하지 않으실 것을 알고 있습니다. 당신은 의로우신 하나님이시오, 거룩하시고 공평하신 하나님이십니다.' 라고 말한 것입니다. 그는 이런 친교 속에서 살았으며, 하나님의 성품과 본성, 그리고 하나님 그분 자체에 대한 이해를 가지고 있었습니다.

사도 바울은 이것을 로마서 4장에서 아브라함과 사라가 90세가 넘은 나이에 약속받은 자녀인 이삭의 탄생을 다루면서 아주 놀라운 방식으로 표현하였습니다. 우리는 아브라함이 '불신앙으로 하나님의 약속에 주저하지 않았다'는 것을 보게 됩니다. 왜 그랬습니까? 그것은 바로 그가 '하나님께 영광을 돌렸기' 때문이었습니다(로마서 4:20). 그는 하나님을 알았기 때문에 그에게 주신 약속을 불신앙으로 못 미더워하지 않았습니다. 그는 하나님의 위대하심과 하나님의 능력과 하나님의 계획의 불변성을 알았습니다. 그는 하나님께서 약속하신 대로 행하시는 분이라는 것을 알고 있었습니다. 그분은 절대로 실패하지 않으실 분이시며, 그분의 약속은 확실합니다.

오, 우리가 광야로 부르는 이 세상에서 하나님을 알고 그분의 성품을 알며, 무엇보다 하나님의 하나님 되심과 영원하시며 불변하시는 하나님, '변함도 없으시고 회전하는 그림자도 없으신 빛의 아버지'(야고보서 1:17), '모든 은혜의 아버지'(베드로전서 5:10), '주 예수의 아버지'(고린도후서 11:31)를 아는 것보다 더 중요한 것은 없습니다.

사랑하는 여러분, 여러분은 하나님을 아십니까? 여러분은 하나님의 성품을 알고 계십니까? 여러분은 그분을 확신할 수 있습니까? 다시 한 번 말씀드리지만, 확신의 첫 번째 위대한 축복은 우리를 하나님의 지식으로 이끌어 가는 것입니다. 여러분은 멀리 떨어져서 믿지 않습니다. 심지어 성경의 계시를 의지만 해서도 안 됩니다. 계시에서 출발하되, 무엇보다 하나님께서 그 계시를 강조해주시고 확증시켜주시며, 절대적인 것으로 만들어주

서야 의심의 여지가 전혀 없게 됩니다.

하나님을 신뢰하기

그렇듯 확신은 하나님을 완전히 신뢰하는 것으로 인도하며, 그렇게 되면 여러분은 어떤 일이 있어도 신뢰하게 될 것입니다. 현재 우리는 아브라함에 대한 두 가지 면을 살펴 보았습니다. 첫 번째, 아브라함은 하나님께서 그에게 무엇을 하실지 이해는 하지 못했어도 하나님을 신뢰했습니다. 이것이 가장 중요한 점입니다. '믿음으로 아브라함은 부르심을 받았을 때에 순종하여 장래 기업으로 받을 땅에 나갈 새 갈 바를 알지 못하고 나갔으며.' 그는 자신이 어디로 가게 될지 몰랐습니다. 그러나 그는 나아갔습니다.

아브라함은 왜 그렇게 했을까요? 다행히 저는 이것을 자세하게 말하지 않아도 됩니다. 삼백년 전에 살았던 어느 옛 청교도가 이것을 청교도 특유의 명쾌한 표현 중의 하나로 완벽하게 진술했기 때문입니다. 그는 다음과 같이 말했습니다. '아브라함은 자신이 어디로 가게 될지도 모른 채 나아갔습니다. 그러나 그는 자신과 함께 가는 이가 누구인지 알았습니다!'

여러분이 과연 누가 여러분과 함께 가게 될지 알게 된다면 목적지에 대해서는 걱정할 필요가 없는 것입니다. 그분이 여러분을 어디로 데려가시는지는 문제가 안 됩니다. 가는 그 길이 빛 속이든 어둠이든 여러분은 항상 그분을 신뢰할 수 있습니다.

아브라함은 자신이 어디로 가는지 알고 싶어 하지도 않았던 것입니다. 그가 필요로 한 모든 것은 하나님과 함께 가는 것이었습니다. 가는 그 길은 불확실합니다. 어둡습니다. 도무지 알 수 없습니다. 그러나 그것이 무슨 문제가 되겠습니까?

그가 하나님과 함께 가고 하나님께서 그와 함께 하시는 한 그를 불안하게 하고, 근심하게 할 것은 아무 것도 없는 것입니다.

두 번째, 아브라함은 하나님의 약속이 즉시 이루어지지 않았어도 하나님을 신뢰했다는 것입니다. 이것이 가장 흥미로운 방식으로 표현된 곳은 히브리서 11장 9절과 10절입니다.

'믿음으로 저가 외방에 있는 것같이 약속하신 땅에 우거하여 동일한 약속을 유업으로 함께 받은 이삭과 야곱으로 더불어 장막에 거하였으니 이는 하나님의 경영하시고 지으실 터가 있는 성을 바랐음이니라.'

우리가 과연 이 말씀의 충만하고 중요한 의미를 알고 있었는지 궁금합니다. 왜 기자는 아브라함이 약속의 땅에 '체류(우거)하였다' 고 말했을까요? 체류자는 한 곳에 정착하는 사람이 아닙니다. 잠시 동안 임시로 살아가는 사람입니다. 체류자와 거주자는 차이가 있습니다.

아브라함이 전에 살았던 가나안 땅은 그에게 있어서 단지 체류지에 불과했습니다. 그는 체류자로 살았던 것입니다. 아브라함의 약속을 상속받았던 이삭과 야곱 역시 마찬가지였습니다.

이 말씀의 중요한 의미는 무엇입니까? 자, 그 대답을 알려면, 여러분은 사도행전에 나오는 스데반의 설교를 찾아보아야 합니다.

> 대제사장이 가로되 이것이 사실이냐 스데반이 가로되 여러분 부형들이여 들으소서 우리 조상 아브라함이 하란에 있기 전 메소보다미아에 있을 때에 영광의 하나님이 그에게 보여 가라사대 네 고향과 친척을 떠나 내가 네게 보일 땅으로 가라 하시니 아브라함이 갈대아 사람의 땅을 떠나 하란에 거하다가 그 아비가 죽으매 하나님이 그를 거기서 **너희 시방 거하는 이 땅**(팔레스타인, 즉 가나안 땅입니다)으로 옮기셨느니라 **그러나 여기서 발 붙일 만큼도 유업을 주지 아니하시고 다만 이 땅을 아직 자식도 없는 저와 저의 씨에게 소유로 주신다고 약속하셨으며** (사도행전 7:1-5)

이 말씀은 정말 깜짝 놀라게 하는 말씀입니다. 여러분은 창세기에서 하나님께서 아브라함에게 말씀하신 것을 기억하실 것입니다.

'내가 너와 네 후손에게 너의 우거하는 이 땅 곧 가나안 일경으로 주어 영원한 기업이 되게 하고 나는 그들의 하나님이 되리라' (창세기 17:8).

그러나 우리는 사도행전 7장 5절에서, '아직 자식도 없는 저와 저의 씨에게… 약속하셨으며' 라고 말씀한 것을 보게 됩니다. 더욱이 히브리서 기자는, '믿음으로 아브라함은 부르심을 받았을 때에 순종하여 장래 기업으로 받을 땅에 나갈 새' (9절)라고 말했습니다.

아브라함에 관한 것 중에서 깜짝 놀랄만한 것은 그가 하나님을 믿었다는 것에 있습니다! 약속이 그의 생애에서 실제로 이루어지지 않았음에도 그는 이것이 진리임을 알았던 것입니다. 그는 그 땅이 자기의 것이라는 것을 알고 있었던 것입니다. 그는 자신이 실제로 이 땅을 소유하게 되는 것을 보지 못하고 그저 이 땅에 체류만 했을 지라도, 이 땅은 그의 후손들의 것이 될 것을 알고 있었다는 말입니다.

이제 믿음이 부족한 사람은 다음과 같이 쉽게 말할 지도 모르겠습니다. "아, 그렇지만 하나님께서 '이것을 너에게 주겠다.'고 말씀하셨지만 결국 안 주셨잖아요." 그러나 아브라함은 결코 그렇게 말하지 않았습니다. 그는 하나님의 목적을 어리석게 이해하지 않았습니다. 오히려 이렇게 말한 것입니다. "이것은 옳습니다. 이것은 하나님의 길입니다. 나는 이 길이 어떤 길이든지 걸어갈 것입니다. 그분의 말씀 외에 나에게 문제될 것은 아무 것도 없습니다. 나는 그분이 때가 되면 그분의 방법으로 이루어 주실 것을 압니다. 그분이 나를 이곳까지 데려오셨다는 것이 나에게는 중요합니다. 그리고 나의 후손이 그 땅을 차지할 것을 알고 있습니다."

그러므로 확신의 가장 위대한 축복들 중의 하나는 하나님의 약속이 이루어지지 않는 것처럼 보일지라도, 그리고 그분의 길이 어둡게 보일 때에도 온전한 만족을 준다는 것입니다.

여러분은 아브라함과 함께 다음과 같이 말할 수 있을 것입니다.

하나님께서 신비한 방법으로 움직이시며
놀라운 일을 실현하시네.
자신의 발을 바다 속에 담그시니
폭풍이 일어나는구나.

여러분이 이 말을 이해하지 못한다면 다음과 같이 말할 수 있습니다.

그대, 두려워하는 성도여, 다시 용기를 가질지어다
구름이 두렵게 그대를 드리워도
큰 자비가 있으니
그대의 머리 위에 있는 축복이
구름을 흩어버릴지어다

주님께서 함부로 심판하지 않으시니
그분의 은혜로 그분을 신뢰할지어다
하나님의 섭리가 유쾌하게 보이지 않을지라도
그 뒤에서
하나님은 자신의 얼굴을 감추고 계신다네

윌리엄 쿠퍼(Wiliam Cowper)

이것이 바로 아브라함의 경우에 나타난 지극히 영광스럽고 너무나 놀라운 표현이 아니겠습니까?

사랑하는 여러분, 여러분은 확신의 축복을 즐거워하고 있습니까? 여러분은 그분을 알고 있다고 말할 수 있습니까? 여러분은 어둠 속에서도 그분을 신뢰하십니까? 여러분은 아브라함처럼 '소망이 안 보이는 가운데에서도 소망' 하고 계십니까? 여러분은 항상 그분의 약속을 믿습니까, 아니면 종종 그분에게 투덜대거나 불평하십니까? 여러분은, '하나님께서 하신 약속은 도대체 어디 있습니까? 왜 약속을 이루시지 않습니까?' 라고 말하십니까? 여러분은 유감스런 마음과 하나님은 진실하지도 않으시고 가혹하시다는 느낌을 갖고 하나님께 나아가신 적은 없습니까? 우리가 그럴지라도 하나님은 우리에게 자비를 내리시는 분이십니다!

그리스도인들이라는 의미는, 자신들이 하나님의 자녀인 것을 아는 사람이 된 것을 뜻합니다. 또한 그리스도인들이라는 의미는, 자신들의 아버지를 아는 것을 뜻하며, 더 나아가 하나님을 온전하게 알고 있기에, 어떤 일이 일어나도 '하나님께서 나에게 지시하신 것은 어떤 것이든지, 무슨 일이든지 모두 옳다.' 라고 말하는 사람들을 뜻합니다.

> '우리가 알거니와 하나님을 사랑하는 자 곧 그 뜻대로 부르심을 입은 자들에게는 모든 것이 합력하여 선을 이루느니라'
> (로마서 8:28).

하나님께서는 우리가 모든 것을 가지기를 허락하시며 이 복된 확신을 누리도록 허락하십니다. 그리고 우리로 하여금 친히 말씀하시고 친히 계시하신 그 하나님, 그리고 우리에게 친교를 허락하시고, 우리가 그분의 것이며 그분은 우리의 것이라는 충만한 확신을 주시는 바로 그 하나님의 벗이 되는 것을 허락하시는 분이십니다.

4장
아브라함
시험받은 믿음

영접하는 자 곧 그 이름을 믿는 자들에게는
하나님의 자녀가 되는 권세를 주셨으니
이는 혈통으로나 육정으로나 사람의 뜻으로 나지 아니하고
오직 하나님께로서 난 자들이니라
(요한복음 1:12-13)

아브라함은 시험을 받을 때에 믿음으로 이삭을 드렸으니
저는 약속을 받은 자로되 그 독생자를 드렸느니라
저에게 이미 말씀하시기를
네 자손이라 칭할 자는 이삭으로 말미암으리라 하셨으니
저가 하나님이 능히 죽은 자 가운데서 다시 살리실 줄로 생각한지라
비유컨대 죽은 자 가운데서 도로 받은 것이니라
(히브리서 11:17-19)

모든 것이 우리를 거스르는 것처럼 보이고
우리를 절망으로 몰아넣을지라도 우리는 알고 있네
한 문이 열려져 우리의 기도가 그분의 귀에 들어가리라는 것을

- 오스왈드 알렌(Oswald Allen) -

히브리서 기자는 히브리서 12장의 첫 절을 다음과 같이 썼습니다.

'이러므로 우리에게 구름 같이 둘러싼 허다한 증인들이 있으니 모든 무거운 것과 얽매이기 쉬운 죄를 벗어 버리고 인내로써 우리 앞에 당한 경주를 경주하며.'

우리가 지금까지 살펴본 것처럼 여러분이 확신이 없다면 여러분 앞에 놓인 경주를 인내로 감당할 수 없습니다. 히브리서 11장은 확신에 관한 위대한 장입니다. 우리는 이것을 실천함으로 알게 되며, 여기 그 실례가 있습니다. 우리는 지금까지 위대하고 영광스러운 본보기들이 되는 사람들을 살펴보고 있으며 현재 아브라함을 살펴보고 있는 중입니다.

아브라함은 정말 주목할 만하고 강한 인상을 주는 케이스입니다. 그래서 다른 사람들보다 더 살펴볼 여지를 남기고 있습니다. 그것은 놀랄 일도 아닙니다. 그는 무엇보다 '믿는 모든 자의 조상'이기 때문입니다(로마서 4:11). 마찬가지로 그리스도인인 우리들도 믿음의 자녀이기 때문에 아브라함의 자녀입니다. 그리고 성경에서 어떤 것의 첫 번째 실례는 항상 위대한 온전함과 더불어 제시됩니다. 그 첫 번째 실례는 항상 특별하고도 분명하게 표현되어서 여러분은 다른 사람들이 그것을 어떻게 확증하는지 보게 됩니다.

우리가 히브리서 11장 8절에서 12절까지 살펴보면 이 사람의 위대한 특징들을 보게 되는데, 그는 하나님을 믿고 그분에게 순종했으며, 그의 주된 욕구는 바로 그분을 기쁘시게 하는 것이었다는 것을 알게 됩니다. 그리고 우리는 그런 특징들을 따라온 축복의 일부를 살펴보았습니다. 우리는 또한 아브라함의 삶의 비결은 하나님과 그와의 관계를 확신하는 것이었으며, 무엇보다도 그것은 '바라는 것들의 실상이요 보지 못하는 것들의 증거'(히브리서 11:1)라는 것을 알게 되었습니다. 그것이 확신입니다.

히브리서 11장에 나오는 모든 사람들은 자신과 하나님과의 관계에 대한 놀라운 확신을 가졌으며, 이 확신은 그들로 하여금 그들이 이루었던 모든 일을 가능하게 하였습니다. 그러므로 논할 것은 이것입니다. 그런 일들이 그들에게 가능했다면 우리에게도 그런 일이 동일하게 가능하지 않겠느냐는 것입니다. 실로 우리에게는 더욱 더 가능해야 할 것입니다. 히브리서 기자가 여기 13절에서 말한 것처럼 '이 사람들은 다 믿음을 따라 죽었으며 약속을 받지 못하였으되 그것들을 멀리서 보았습니다.' 그러나 여러분과 저는 이 약속이 실현된 것을 돌아볼 수 있습니다. 여러분과 저는 성령이 거대하게 부어진 시대 속에서 살아가고 있기 때문입니다. 우리는 후(後) 오순절 시대(post-Pentecost era)에서 살아가고 있는 것입니다. 그들이 자신들의 시대에서 이 확신을 즐거워할 수 있었다면 우리는 얼마나 더 즐거워해야 하겠습니까! 그리고 이것은 히브리인들에게 이 서신이 쓰여졌을 당시처럼 오늘날에도 큰 논증거리가 아닐 수 없습니다.

우리는 구원의 확신을 즐거워하고 있습니까? 우리는 이들 위대한 사람들의 지경에까지 다다를 수 있습니까? 히브리서 11장의 목적은 바로 우리가 그 지경까지 이를 수 있도록 하기 위함입니다. 그러므로 우리는 이들로 하여금 그런 삶을 살게 한 것이 무엇인지 살펴보아야 하겠습니다. 즉 '이런 위대한 확신을 즐거워한 사람들의 특징은 무엇인가? 그리고 그들에게 일어난 결과는 무엇인가?'에 대한 것 말입니다.

우리는 8절에서 12절을 살펴보면서 아브라함의 믿음이 얼마나 위대한 것이었는가를 보았습니다. 그의 나이 99세에 그는 하나님으로부터 90세가 훨씬 넘은 사라가 아들을 가질 것이라는 말씀을 듣게 되었습니다. 그리고 그 아들로부터 대가 계속 이어질 것이며 세상 모든 나라들이 그로 인해 복을 받을 것이라는 말씀도 듣게 되었습니다. 그분이 이런 약속을 주셨을 때 '아브라함은 믿음이 없어 하나님의 약속을 의심치 않고 믿음에 견고하여져서 하나님께 영광을 돌렸습니다' (로마서 4:20). 이것은 정말 깜짝 놀랄만한 것이었습니다.

그러나 히브리서 기자는 계속 진술합니다. 그는 13절에서 16절까지에서 잠시 본론에서 벗어났는데, 이 구절 속에서 그는 매우 현명한 교사로서 직접 흐름을 중단하고 다음과 같이 말한 셈입니다. '이제 저의 논증을 따라오시기 바랍니다. 나는 여러분이 제가 말하고자 하는 요점을 잡으시기를 바라고 있습니다.' 그러면서 그는 다음과 같이 기술했습니다.

이 사람들은 다 믿음을 따라 죽었으며 약속을 받지 못하였으되 그것들을 멀리서 보고 환영하며 또 땅에서는 외국인과 나그네로

라 증거하였으니 이같이 말하는 자들은 본향 찾는 것을 나타냄이라 저희가 나온바 본향을 생각하였더면 돌아갈 기회가 있었으려니와 저희가 이제는 더 나은 본향을 사모하니 곧 하늘에 있는 것이라 그러므로 하나님이 저희 하나님이라 일컬음 받으심을 부끄러워 아니하시고 저희를 위하여 한 성을 예비하셨느니라 (히브리서 11:13-16).

이 말씀들은 하나의 요약입니다. 우리는 히브리서 기자가 다시 처음으로 돌아가지 않을 것을 알고 있습니다. 왜냐하면 우리가 살펴본 것처럼 에녹을 제외하고는 이 모든 사람들은 믿음을 따라 죽었기 때문입니다. 그는 아브라함과 사라, 야곱과 이삭을 언급하는 중이었습니다. 그리고 그가 말한 것은 바로 그들에 대한 진실이었습니다.

히브리서 기자는 계속 진술합니다. '믿음으로' — 그는 다시 아브라함으로 돌아와서는 — '아브라함은 시험을 받을 때에 믿음으로 이삭을 드렸으니 저는 약속을 받은 자로되 그 독생자를 드렸느니라 저에게 이미 말씀하시기를 네 자손이라 칭할 자는 이삭으로 말미암으리라 하셨으니' 라고 말합니다.

히브리서 기자는 사실 다음과 같이 말한 셈입니다. '아브라함에 대하여 할 얘기가 더 있습니다.' 그렇기 때문에 저는 시작부터 아브라함이 언급된 부분을 강조하고 있는 것입니다. 모름지기 아브라함은 구약성경의 모든 신앙위인들 가운데서도 가장 강한 인상을 남긴 경우였을 것입니다. 확실히 아브라함은 11장에서 가장 강한 인상을 주고 있습니다. 믿음의 실천이 보입니다. 여기에 '믿는 자들의 조상'이 있습니다. 여기에 여러분처럼 오직 믿음으로 의롭다함을 받은 그 선구자가 있습니다. 이미 살펴보았듯이 물론 이 원리는 벌써 아벨의 경우에서 작용한 것이지만 말입니다. 그러나 여기에서 그것을 특별히 선명하고도 분명한 방식으로 정의해놓고 설정해둔 것이 보입니다.

확신의 본질

그래서인지 히브리서 기자는 우리에게 아브라함에 대해 다소 세세한 부분을 제공하고 있습니다. 그 부분이 현재 여러분이 주목해주시기를 바라는 부분이기도 합니다. 우리는 여기서 모든 주목할 만한 사건들 중의 하나로써, 모든 성경의 역사와 이야기들 중에서 단연 돋보이는 가장 극적인 방식으로 확신의 본질에 대한 어떤 것을 보게 됩니다.

첫 세기의 유대인 역사가 요셉푸스(Josephus)에 따르면, 하나님께서는 어느 날 갑자기 이삭이 25살쯤 되었을 때에 아브라함에게 오셔서 그의 아들 이삭을 번제물로 바치라고 말씀하시는 것을 듣게 됩니다. 아브라함은 그와 함께 사용할 나무를 준비해야만 했고, 불을 지필 물건도 마련해야만 했습니다. 그는 제단을 만들어 그 위에 나무를 얹어놓고, 이삭을 묶어놓은 다음에 제단 위에서 그를 죽여야만 했습니다. 그런 다음 그를 하나님께

번제물로 드려야만 했습니다.

그런데 우리는 아브라함이 믿음을 가지고 지시받은 대로 실행에 옮기는 것을 보게 됩니다. 본문에서 '아브라함은 시험을 받을 때에 믿음으로 이삭을 드렸으니' (17절)라는 말씀은 이것을 요약한 것입니다. 우리가 알고 있는 것처럼 아브라함은 실제로 이삭을 죽이지는 않았습니다. 그러나 막지 않았다면 이삭을 죽였을 것입니다.

어떤 면에서 하나님의 명령에 아브라함이 순종한 것은 과거 인류사에서 발생한 것 가운데 가장 놀라운 사건 중의 하나입니다. 그리고 기억해야 할 것은, 이 사건을 기록한 것은 우리가 확신에 대해서 뭔가 알게 해주려는 것입니다. 그러므로 본문에서 알게 되는 것을 살펴봅시다.

사람들은 "도대체 '확신으로' 라는 뜻이 무엇이냐?"고 말합니다. 그것은 이미 우리가 살펴본 것이지만 우리는 여기서 확신에는 두 가지 위대한 요소들이 있다는 것을 다시 상기하게 됩니다. 그 첫 번째는 직접적인 증거라는 요소입니다.

성령의 증거

우리가 살펴 본 대로, 확신의 최고이자 가장 높은 형태는 사람들이 직접적인 증거를 즐거워할 때와 성령께서 친히 우리의 영과 더불어 우리가 하나님의 자녀라는 사실을 증거 하실 때(로마서 8:16) 나타납니다. 이런 확신은 어떤 추론에 근거한 것이 아닙니다. 이것은 성령의 역사입니다. 우리는 아벨을 살펴보았습니다.

'믿음으로 아벨은 가인보다 더 나은 제사를 하나님께 드림으로 의로운 자라 하시는 증거를 얻었으니' (히브리서 11:4).

그리고 동일한 진리가 에녹에게서도 보여 졌습니다. 여러분은 '저는 옮기우기 전에 하나님을 기쁘시게 하는 자라 하는 증거를 받았느니라' (5절)라는 말씀을 기억하실 것입니다. 그러나 제가 생각하기로는, 우리는 여기서 그것을 매우 강력한 방식으로 보게 됩니다.

그런데 확신을 오로지 직접적인 수단을 통해 얻는 것으로만 국한시키려는 사람들이 있습니다. 그들은 성경에서 확신을 추론해 봄으로써 구원을 확신할 수 있다고 말합니다. 그 말에는 동의합니다. 그들은 또 여러분 자신 속에 은혜와 그 밖에 다른 것들이 있는지 알아봄으로써 확신을 추론해 볼 수 있다고 말합니다. 완벽한 진술입니다. 그들은 더 나아가 하나님이 여러분을 다루시는 방식을 통해서 확신을 추론해 볼 수 있다고 말합니다. 그래서 여러분은 이 확신의 축복들을 즐거워하면서 이렇게 말할 수 있다는 것입니다. "난 하나님의 자녀임이 틀림없어. 그렇지 않다면 하나님께서 나를 이렇게 대하시지 않았을 거야." 그러나 그들은 여기서 멈춰버립니다. 그리고 말하기를, 이런 것들이 한데 어우러짐으로 인해 여러분은 자신의 구원을 확신할 수 있다는 것입니다.

그러나 저는 이보다 더 큰 확신이 있음을 강조하고 싶습니다. 그것은 하나님께서 사람들에게 어떤 수단을 통하지 않고 그들이 하나님의 자녀들이며, 자신은 그들의 아버지라는 내적인 확실함을 주시면서 직접 말씀하실 때 오는 즉각적인 확신입니다. 이제 그런 확신이 여기서 매우 인상 깊게 나타난 것입니다. 아브라함의 입장을 보십시오. 그가 이삭을 취해 번제물로 하나님께 드리라는 명령을 받았을 때의 기분을 상상해보시기 바랍니다. 그가 번제물로 드리러 가는 길목에서 가질만한 느낌을 상상해보시기 바랍니다. 모든 상황들이 하나가 되어 그를 대항하는 것처럼 보이고 하나님도 그를 싫어하시는 것처럼 보입니다. 아브라함은 의심으로 가득하게 할 정도로 이리 저리 계산하게 만드는 상황 속에서 구원의 확신을 추론해보지 않았습니다.

그렇다면 그가 어떻게 하나님께 순종할 수 있었을까요? 그 대답은 그가 직접적인 확신을 소유했다는 것입니다. 그는 그런 상황들 속에서도 알았던 것입니다. 이것은 정말 치명적인 문제가 아닐 수 없습니다. 확신이란 무슨 일이 벌어지든지 우리가 여전히 확신하게 만드는 바로 그것입니다. 하나님께서는 여전히 우리에게 말씀하십니다. 하나님께서는 여전히 그분의 임재를 우리가 알도록 하십니다. 그러므로 우리는 확신의 이러한 직접적이고 즉각적인 면을 다음과 같은 표현으로 강조해야만 하겠습니다.

모든 것이 우리를 거스르는 것처럼 보이고

우리를 절망으로 몰아넣을지라도

우리는 알고 있네

한 문이 열려져

우리의 기도가 그분의 귀에 들어가리라는 것을

오스왈드 알렌(Oswald Allen)

또는 다른 찬송시로 다음과 같이 표현한 것과 같습니다.

포도나 무화과 나무가

열매를 맺을 수 없을지라도

모든 대지가 시들고

양떼나 다른 가축이 없을지라도…

윌리엄 쿠퍼(Wiliam Cowper)

그것은 문제가 되지 않았습니다. 상황과 상관없이 내적인 증거가 주어진 것입니다. 하나님의 증거는 하나님의 자녀들에게 효력이 있습니다.

이성의 사용

그러나 성령의 증거와 나란히 하는 또 다른 요소가 있습니다.

이것 역시 똑같이 중요한 것입니다. 그것은 19절의 '생각한지라' 라는 말에서 보여집니다. 우리는 아브라함이 '하나님께서 이삭을 살리실 것으로, 심지어 죽은 자 가운데서 다시 살리시며, 비유로 죽은 자 가운데서 도로 받을 것을 생각하면서' 앞으로 나아갈 수 있었다는 말씀을 보게 됩니다. 바로 이 대목이 구원에 대한 하나님의 방식의 영광과 그분께서 배치하신 모든 것의 완벽함을 보게 되는 대목입니다. 우리는 오직 말이나 설명으로나 조명하는 것으로써는 도저히 표현할 수 없는 지각과 감각, 내적 깨달음만 고려하는 것이 아닙니다. 여기에 덧붙여 우리에게는 외적이고도 객관적인 뭔가가 주어집니다. 그리고 이 두 가지가 하나가 되어 우리가 앞으로 나아갈 수 있도록 해줍니다.

다른 말로 표현하자면, 아브라함은 이성의 능력도 적용할 수 있었다고 말할 수 있습니다. 마귀가 그 자리에 있었습니다. 아브라함을 다음과 같은 말로 유혹하면서 말입니다. '지금 하나님의 약속이 어디 있다고 그래? 너가 하나님의 자녀이고 하나님의 위대한 목적을 상속받았다고 선포된 것이 다 뭐냐? 그리고 너는 이삭을 통해 하나님께서 모든 일을 하실 것이라고 말했는데, 이 마당에 너의 아들 이삭은 도대체 뭐란 말이냐? 너는 그를 죽이러 가는 길이지 않는가. 너는 그를 번제물로 드리러 가는 길이지 않느냐 말이다!'

그러나 아브라함은 설명할 수 있었습니다. 그는 논리적으로 생각하고 논증할 수 있었습니다. 그는 사실 이렇게 말한 셈입니다. '그렇다. 이런 일이 일어난다 해도 나는 하나님께서 이삭을 죽은 자 가운데서 다시 일으키실 능력이 있으신 분임을 알고 있다. 하나님에게는 불가능한 것이 없다는 것을 알고 있다.' 그렇기 때문에 아브라함은 그가 느낀 바대로 수행할 수 있었고, 거의 본능적으로 그런 것을 알았던 것입니다. 이러한 내적 증거의 결과는 그로 하여금 자신의 행동을 확증하고 지지하는 것과 하나님에 관하여 그가 알고 있는 모든 것을 논리적으로 생각할 수 있도록 지지해주는 버팀목 역할을 했습니다.

이렇듯 우리 마음속에도 이런 두 가지 요소들이 생겨나야 된다는 사실이 중요합니다. 우리는 이 극단이나 저 극단으로 치우쳐서는 안 됩니다. 직접적인 증거를 두려워하는 사람들도 있습니다. 그들은 너무 주관적이 되지는 않을까 두려워하는 것입니다. 그들은 한 마디로 거짓 영이 말하는 것을 듣게 될까봐 두려워하는 것입니다. 그렇습니다. 신약성경도 이런 것에 대하여 이미 알고 있었습니다. 그래서 '영을 다 믿지 말고 오직 영들이 하나님께 속하였나 시험하라'고 말씀한 것입니다(요한일서 4:1). 그러나 우리는 거짓 영에 대한 두려움 때문에 오히려 성령을 소멸하는 죄를 짓지 않도록 각별히 조심해야겠습니다. 모든 것을 질서정연하게 유지하려는 욕구와 세상 속에 있다는 생각 때문에 성령의 증거를 깨닫지 못함으로써 성령의 모든 사역을 배제시키지 않도록 하시기 바랍니다. 하나님께서는 성령과 말씀을 통하여 말씀하십니다. 그래서 직접적인 성령의 역사도 있고, 말씀을 통한 성령의 역사도 있는 것입니다. 제가 제시하는 것은, 현재 아브라함의 이야기가 이러한 진리를 매우 주목할 만한 방식으로 조명하고 있다는 것입니다.

확신의 범위

그 다음으로 위대한 원리는 확신이라 할 만한 확신의 범위에 대한 것입니다. 이제 이것이 이러한 특별한 사건을 통해 강렬하게 표현되어 있습니다. 확신은 나를 얼마나 붙잡아 두는 것일까요? 여기서 주목할 만한 분명한 사실은, 확신은 언제나 분명하고 틀림없다는 것입니다. 제한도 없습니다.

아브라함의 입장을 보시기 바랍니다. 그에게 그의 아들 이삭을 취하여 번제물로 드리라는 갑작스런 명령이 떨어졌습니다. 그래서 그는 즉시 이 일을 수행합니다. 그가 그렇게 한 배경은 무엇이었을까요? 오직 한 가지 대답만 있을 뿐입니다. 그는 다름 아닌 그의 아들을 희생 제물로 바치라고 말씀하신 분이 바로 하나님이시라는 것을 절대적으로 확신했다는 것입니다. 그는 순종하지 않을 수 없었습니다. 자연적인 모든 생각은 이런 사고에 반감을 가집니다. 모든 인간적인 논증이 바로 이런 사고 때문에 충돌합니다. 이런 사고는 불가능하다는 것입니다. 터무니없다는 것입니다. 어떻게 하나님이란 분이 아들 하나를 놓고서 그렇게 서로 상반된 말씀을 하실 수 있느냐는 것입니다. 어떻게 '이는 너의 아들이다'라고 하시면서 동시에 '그를 죽여라'는 명령을 하실 수 있느냐는 것입니다.

하나님의 음성 알기

그럼에도 불구하고 아브라함은 순종했습니다. 그리고 그에 대한 유일한 설명은, 의심을 떠나서, 그에게 그렇게 말씀하시고 그런 명령을 내리신 음성이 바로 하나님의 음성이었음을 그가 알고 있었다는 것, 그것뿐입니다. 그가 어떻게 알았을까요? 다시 한 번, 이것도 오직 한 가지 답변만이 있을 뿐입니다. 그는 하나님께서 말씀하실 때 의심하지 않고, 그가 지닌 하나님에 대한 지식으로 이 모든 것에 대하여 알았다는 것입니다. 이것이 확신의 범위입니다.

다른 말로 표현하자면, 여기서 배우게 되는 것은, 우리가 이 생을 살아가면서 하나님께서 우리에게 말씀하실 때 절대적으로 확신할 수 있는 그러한 친밀한 하나님에 대한 지식을 소유하는 것이 가능하다는 것입니다. 심지어 그분의 말씀이 모든 것에 직접적으로 반대되는 것처럼 나타날 때에도 이미 이에 대한 이해를 가지고 있기 때문에, 그분을 더 잘 알 수 있으며, 그분이 강조하시는 것에 더욱 친밀해질 수 있고 그분의 음성의 어조에 대하여 보다 더 확신을 갖는 것이 가능하다는 것입니다. 그래서 우리는 이렇게 말할 수 있게 됩니다. '말씀하신 이는 바로 하나님이야!'

마귀는 다가와서 '그것은 불가능해!' 라고 말할 것입니다. 그렇게 되면 우리의 이성은 우리에게 '이것은 마귀의 시험이다.' 라고 말하게 됩니다. 이에 대해서는 오직 한 가지 답변만이 있을 뿐입니다. 우리는 그만큼 의심할 여지없이 하나님을 잘 알 수 있다는 것입니다. 인간의 이성으로 그렇게 판단하는 것은 정말 불가능한 것이라고 말할지 모르겠습니다. 누군가 그렇게 한다는 것은 정말 웃기는 일이라고 할지 모르겠습니다. 그러나 이 사람은 일어나 이 일을 진행했습니다. 그는 알았던 것입니다. 그리고 절대적으로 확신했던 것입니다.

저는 앞서 옛 청교도가 임종 시에 증거 했던 말을 인용한 바 있습니다. 그는, "그들에게 말해주십시오. 하나님께서는 사람들을 친밀히 대하신다는 것을 말입니다."라고 말했습니다. 우리가 이런 식으로 하나님을 아는 것이 가능하다는 얘기입니다. 즉 우리는 다른 무엇보다 하나님의 음성만큼은 더욱 더 확신할 수 있다는 말입니다. 확신은 우리를 그 정도로까지 사로잡습니다. 이런 일이 죽을 수밖에 없는, 그러나 그리스도 예수 안에 있는 사람들에게 가능합니다. 이렇듯 하나님의 자녀들에게는 이렇게 될 수 있을 정도로 하나님 아버지를 가까이 하는 것이 가능한 것입니다.

우리는 이런 것을 알고 있습니까? 이것이 바로 기독교입니다. 이것이 바로 우리가 그리스도인이라는 의미입니다. 오, 하나님께서는 세상 사람들이 뉴스의 머리기사로 우리를 적대하면서 기독교를 항상 제멋대로 판단하는 것에서 우리를 구하여 주실 것입니다! 그것은 우리를 판단하는 방법이 될 수 없습니다. 세상과 같은 식으로 판단하는 것은 얼마나 쉬운 일입니까! 그런 식으로 판단해서는 안 됩니다. 우리를 테스트하는 방법은 다음과 같은 것이 되어야겠습니다. '우리는 논쟁과 오해를 떠나 하나님의 음성을 알고 있는가?' 분명히 합시다. 우리를 이런 사실들에 비추어 보아 점검합시다. 확신은 그 정도로까지 나아갈 수 있습니다.

확신

하나님의 음성을 아는 것은 우리에게 놀라운 확신을 제공합니다. 아브라함이 아들을 바치러 나갔을 때 그가 가졌던 확신을 보십시오. 이삭은 갑자기, "양을 제외하고는 모든 것이 다 갖춰졌네요. 그런데 번제물로 쓸 양은 어디에 있는 거죠?"라고 말했습니다. 그러자 아브라함은, "아들아, 하나님께서 친히 양을 준비해 주실 거란다."라고 말했습니다(창세기 22:8). 그는 어떻게 이런 일이 일어났는지 알 수 없었습니다. 그를 도와 줄만한 것이 아무 것도 없었습니다. 그러나 그는 하나님을 알고 있었기에, 사실상 이렇게 말한 셈입니다. "나는 나의 하나님께서 지시하시는 모든 것이 옳다는 것을 알고 있다. 나는 하나님을 그렇게 알고 있다. 나는 이 일이 어떤 일인지 모르지만 이 일이 참되다는 것을 안다. 하나님은 내가 알고 있는 바로 그 하나님이기 때문에 이 일이 참되다는 것만은 확실하다."

그리고 히브리서 기자가 아브라함의 확신의 범위를 어떻게 표현하고 있는지 주목하시기 바랍니다.

'아브라함은 시험을 받을 때에 믿음으로 이삭을 드렸으니 저는 약속을 받은 자로되 그 독생자를 드렸느니라 저에게 이미 말씀하시기를 네 자손이라 칭할 자는 이삭으로 말미암으리라 하셨으니.'

모든 것이 완전히 잘못된 것처럼 보입니다. 하나님께서 약속을 철회하시는 것처럼 보이고, 그 약속들을 터무니없는 것으로 만드시는 것처럼 보입니다. 큰 민족을 이룰 통로가 될 이삭에게 말입니다! 하나 밖에 없는 아들, 그 약속들을 담고 있는 이 아들이 이제는 죽어야 되다니 말입니다!

아브라함은 자신의 확신이 자신에게 신뢰를 주기 때문에 계속 일을 진행할 수 있었습니다. 그는 모든 것이 잘 될 것이라는 것을 알고 있었으며, 결과가 어떠하든지 간에 하나님께서는 자신이 하신 말을 어기시는 분이 아니기 때문에 자신이 하신 약속들을 이루실 것이라는 것도 알고 있었습니다. 아브라함은 다음과 같이 말한 셈입니다. '하나님은 자신만의 방법을 갖고 계신다. 그리고 그것이 무엇인지 알 수는 없을지라도 하나님은 분명하시고 확실하신 분이시라는 것을 알며, 그렇기에 그분의 약속들은 결코 실패하지 않는다.'

이제 또 다시 상기시켜드리지만, 이 서신은 우리를 지도하기 위해 쓰여졌습니다. 그래서 우리는 하나님에 대한 이 친밀하고 확실한 지식을 가질 수 있습니다. 또한 무슨 일이 일어나든지 의심이 없는 잠잠한 신뢰와 더불어 충만한 확신을 가지고 나아갈 수 있는 것입니다. 제가 또 한 번 말씀드리지만, 아브라함의 이야기는 많은 방식들 중에서도 믿음과 구원의 확신에 대한 최고의 실례입니다. 오직 하나님을 알고 그분과 이러한 관계를 가진 사람만이 아브라함이 순종했던 것처럼 그렇게 마음으로 하나님께 순종할 수 있습니다.

잠시 멈추어 다시 질문해보겠습니다. 우리는 이런 종류의 확신을 갖고 있습니까? 모든 것이 잘못 진행되는 것 같이 보여도 우리는 평안 가운데 안심할 수 있습니까? 바울이 빌립보서에서 말씀한 것이 우리에게도 진실이 됩니까? 그는 '아무 것도 염려하지 말고' (빌립보서 4:6)라고 말했습니다. 우리들도 정말 그러합니까? 입장을 바꾸어 여러분이 만일 이삭을 바치라는 요구를 받게 된다면 여러분은 '아무 것도 염려하지 않을 수' 있습니까? 여러분은 염려하는 것은 물론이요, 여러분의 염려함을 도와 줄 누군가를 찾으면서, '아버지, 대관절 양은 어디 있는 겁니까?'라고 말하지 않을 수 있습니까? 아니면, '괜찮다. 아들아. 하나님께서 친히 양을 준비하실 거다.' 라고 말할 수 있습니까?

여러분은 여러분 혼자만의 짐을 짊어진 것뿐만 아니라 다른 사람들의 짐까지도 짊어진 것입니다. 그러므로 여러분은 염려하지 말아야 합니다. '아무 것도 염려하지 말고 — 모든 것이 포함 됩니다 — 오직 모든 일에 기도와 간구로, 너희 구할 것을 감사함으로 하나님께 아뢰라. 그리하면 모든 지각에 뛰어난 — 물론입니다. 과연 누가 이같이 우리의 일을 헤아려주겠습니까? 여러분의 작은 인간적인 논리로 헤아려지겠습니까? 우리는 모두 또 다른 영역 속에 있는 것입니다 — 하나님의 평강이 그리스도 예수 안에서 너희 마음과 생각을 지키시리라.' 이 말씀이 여러분에게 임하여 여러분의 심령과 마음에 자리를 잡게 되면 모든 것이 여러분을 거슬러 역사하고 모든 것이 잘못되어 가는 것처럼 보일지라도 여러분은 완벽한 평안 가운데 있게 됩니다.

확신이 주어집니다. 그것은 즉각적입니다. 직접적입니다. 여러분은 여기 본문에서 추론들을 만들어 내지 못합니다. 추론을 넘어선 그 무엇인가가 더 있는 것입니다. 절대적인 확신이 있는 것입니다. 여러분은 스스로에게, '이것은 하나님께서 나에게 명령하신거야. 나는 이분이 하나님이시라는 것을 알아.' 라고 말하게 되는 것입니다. 이성으로 설명할 수 없는 것이 있는 것입니다. 이런 중대한 상황 속에 놓인 아브라함과 사라와의 대화를 한 번 떠올려보면서, 사라가 이런 경우에서 언급하지 않을 수 없었던 모든 말들을 상상해보는 것은 얼마나 쉬운 일입니까! 그러나 그것이 문제가 되지 않았습니다. 아브라함은 단순히, "나에게 이런 명령을 내리신 분은 다름 아닌 하나님이시다."라고 말했던 것입니다. 여러분은 이런 식으로 입증해보일 수는 없을지라도 절대적인 내면의 확신을 소유하게 됩니다. 하나님에 대한 여러분의 지식으로 그것을 알게 되는 것입니다. 즉 여러분은, 그분은 아주 분명하시고 확실하셔서 모든 것에 의심을 살만한 분이 아니시라는 것을 알고 있는 것입니다. 바로 이것이 확신의 범위에 대한 것입니다.

그리고 이것은 저로 하여금 마지막 주제로 인도합니다.

확신을 테스트해 보기

다시 한 번, 이것은 실천적인 기준에서도 가장 중요한 사항이 됩니다. 그리고 저는 히브리서 기자가 이런 매우 특별한 이유 때문에 17절과 18절에 이어 19절을 추가했다고 확신합니다.

우리 모두는 확신의 문제를 오해하는 것에 대하여 막중한 책임이 있습니다. 그리스도인이 되는 순간, 우리는 다음과 같은 식으로 생각하기 일쑤입니다. '이제 나는 그리스도인이 되었고 확신의 수단도 가졌으니 모든 것이 잘 될거야.' 우리는 자기 자신이 하나님의 선택받은 자녀라면 그분이 나에게 미소 지으실 것이고 우리에게 그분의 축복을 보여주실 것이라고 단정적으로 생각합니다. 이것은 공통적인 가정입니다.

시련이 올 때

그러나 상황이 꼬여갈 때면 이런 식으로 생각하던 사람들은 괴로워하며 이렇게 말합니다. "왜 나에게 이런 일이 일어나지? 이것은 아니야. 나는 이런 상황들을 이해할 수 없어. 하나님이 나의 아버지라면 왜 아버지가 아닌 것처럼 나를 이렇게 대하시는 거야? 경건하지 않은 사람들은 나보다 더 좋은 때를 만끽하는 데 말이야. 그리스도인이 된 뒤로는 어려움만 생기고 있어. 저기 다른 사람들을 좀 봐…" 시편 73편에서는 이처럼 경건하지 않은 사람들에 대하여 다음과 같이 말씀하고 있습니다.

'저희는 죽는 때에도 고통이 없고 그 힘이 건강하며, 살찜으로 저희 눈이 솟아나며 저희 소득은 마음의 소원보다 지나며' (시편 73:4, 7).

그들의 삶은 얼마나 화려한지 모릅니다. 그런데 시편 기자는 이렇게 말하고 있습니다.

'내가 내 마음을 정히 하며 내 손을 씻어 무죄하다 한 것이 실로 헛되도다' (13절).

이런 일이 자주 발생합니다. 사람들은 자신이 하나님의 자녀이기 때문에 괴로운 일은 전혀 생기기 않을 거라고 생각하는 것 같습니다. 당연히 복음주의는 부분적으로 이런 문제에 책임이 있습니다. 단지 겉모양만 복음주의는 매번 거짓된 복음주의가 될 수 있습니다. 겉모양만 복음주의는 사람들에게 이런 식으로 말합니다. "그리스도에게 가기만 하면 어떤 문제도 일어나지 않을 것입니다. 그분은 여러분의 문제를 해결해주실 것입니다. 모든 것을 담당해주실 것입니다." 그러나 그런 말을 믿고 있던 사람들이 고통스러운 문제에 직면하게 되면 "이게 기독교 맞아?"라고 묻게 됩니다.

그러나 성경은 우리에게 그렇게 말씀하지 않습니다. 실로 그와는 정 반대되는 것을 말씀합니다.

'주께서 그 사랑하시는 자를 징계하시고 그의 받으시는 아들마다 채찍질하심이니라' (히브리서 12:6).

삶 가운데 어떠한 괴로운 문제들도 없다면 자신이 그리스도인이라고 확신해도 좋다는 주장 때문에 큰 문제가 야기될 수 있습니다. 하나님의 사람들은 시련과 시험에 매인 사람들입니다. 그러므로 여러분은 내가 하나님의 자녀이기 때문에 어떤 어려움들도 일어나지 않을 거라는 이런 개념을 제거하십시오. 아니오, 아닙니다! 믿음 ― 확신 ― 은 테스트를 받습니다. 아브라함은 이렇게 매우 극심한 테스트를 받았습니다. 하나님께서 그를 테스트하신 것입니다. 그분은 그를 유혹하신 것이 아닙니다. 우리는 하나님에게 그런 유혹이라는 말을 사용해서는 안 됩니다.

'하나님은 악에게 시험(유혹, 우리의 성경에는 유혹이란 말이 시험이라고 표현되었음 ― 옮긴이)을 받지도 아니하시고 친히 아무도 시험(유혹)하지 아니하시느니라' (야고보서 1:13).

그러나 그분은 우리를 테스트하십니다. 시련도 주십니다. 동시에 우리는 그 속에서 확신의 가치를 발견하게 됩니다.

왜 시련이 오는가

그렇다면 왜 아브라함에게 이런 일이 발생한 것일까요? 이 일은 분명히 하나님께서 뭔가를 알아보시려고 유혹하신 일이 아닙니다. 하나님께서는 그 시작부터 이미 결말을 아시기 때문입니다. 그분은 모든 것을 아시는 분이십니다. 그분은 전지(全知)하신 분이십니다. 그렇다면 왜 이런 명령을 내리셨을까요? 그에 대한 답은 히브리서 11장과 12장에서 아주 분명히 주어졌습니다.

테스트는 하나님께서 우리를 맞이하시려고 기다리시는 동안 우리를 준비시키시는 훈련 가운데 첫째요, 으뜸가는 부분입니다. 제가 말씀드린 것처럼 이것은 다음 장의 위대한 주제입니다.

'너희가 참음은 징계를 받기 위함이라 하나님이 아들과 같이 너희를 대우하시나니 어찌 아비가 징계하지 않는 아들이 있으리요' (히브리서 12:7).

기자는 계속해서, '또 우리 육체의 아버지가 우리를 징계하여도 공경하였거든 하물며 모든 영의 아버지께 더욱 복종하여 살려 하지 않겠느냐 저희는 잠시 자기의 뜻대로 우리를 징계하였거니와 오직 하나님은 우리의 유익을 위하여 그의 거룩하심에 참예케 하시느니라' (히브리서 12:9-10)라고 말합니다.

나의 사랑하는 친구 여러분, 여러분과 제가 오직 우리가 향해 가는 영광과 하늘에 속한 거룩에 대한 어떤 개념만 갖게 되어도 우리는 준비에 대한 필요성을 깨닫게 될 것입니다. 오, 우리는 얼마나 깨끗해지고 정결해지고 정화될 필요가 있는 사람들인지! 그래서 하나님께서는 경건과 거룩의 길을 더욱더 우리에게 가르치셔야만 했습니다. 그분은 영원하신 영광의 하나님이시기 때문에 자신의 자녀들을 그에 걸맞게 준비하시기 위해 이 위대한 사역에 집중하시는 것입니다. 그리고 여러분이 이런 관점에 눈을 뜨게 되는 그 순간, 여러분은 우리의 아버지께서 왜 이렇게 테스트하시는지를 알게 됩니다.

우리들 가운데 많은 이들이 우리를 위대한 믿음을 가진 사람들로 생각하고 있습니다. 그런데 막상 시험이 오면 동요되고 의심하며, 모든 것이 무너지는 것처럼 보이는 우리 자신을 발견하게 됩니다. 그래서 하나님께서는 우리가 이런 일들을 이해하도록 우리를 테스트하시는 것입니다. 그분은 우리가 더 좋은 것을 알기 원하십니다. 우리는 자신에 대해 잘 알고 있다고 생각하지만 정작 그렇지가 않습니다. 우리는 멋진 느낌을 가지고 모임 같은 데서, "나는 다시는 절대로 의심하지 않을 거야!"라고 말합니다. 그러나 조그만 시련이 와도 모든 것을 확신하지 못하는 모습을 보입니다. 우리는 느낌이나 분위기를 의지하지 않는 것을 배워야합니다. 우리는 상황들을 의지해서도 안 됩니다. 고대 그리스인들은, '너 자신을 알아.' 는 말을 발견하고 나서, 이 말이야말로 가장 으뜸가는 원리라고 말했습니다. 그런데 성경도 이와 동일한 것을 가르치고 있습니다.

하나님께서는 우리를 테스트하시고 시련을 겪게 하심으로써 우리에게 부정적일 뿐만 아니라 긍정적인 **우리 자신에 대한 더 깊은 지식**을 제공하십니다. 사람들이 이런 테스트를 위한 시련을 만날 때 긍정적으로 반응하는 모습은 아름답습니다. 그들은 이제 자신이 생각하는 것보다 한층 더 높은 믿음을 가졌음을 발견하게 됩니다. 그들은 회상해보면서, "내가 이런 시련을 극복할 거라고는 미처 생각하지 못했어요!"라고 말합니다. 그러나 그들은 결국 자신이 해냈다는 것을 보게 됩니다. 어떻게 그렇게 되었을까요? 바로 하나님께서 그들이 극복할 수 있도록 해주셨기 때문입니다. 그렇게 해서 그들은 자기 자신에 대한 것과 믿음의 가치와 믿음의 능력과 힘, 그리고 믿음이 바로 그런 일을 할 수 있게 한다는 것을 배우게 됩니다. 그래서 하나님께서는 우리를 이런 시련 가운데 두시는 것입니다.

히브리서 기자는 이러한 사실을 다음과 같이 요약하였습니다. '무릇 징계가 당시에는 즐거워 보이지 않고 슬퍼 보이나 ─ 우리는 본성적으로 게으른 사람들입니다. 그래서 하나님께서는 우리를 근육을 단련시킬 수 있는 훈련장에 두시는 것입니다. 그들은 힘들어하며 아무 것도 할 수 없다고 느낍니다. 그러나 하나님께서 우리로 하여금 움직이게 하시고 그런 중에 우리의 근육은 발달하게 됩니다 ─ 후에 그로 말미암아 연달한 자에게는 의의 평강한 열매를 맺나니'(히브리서 12:11). 하나님께서는 아브라함을 자신의 마음을 따르려는 사람으로 만드시고자 이런 특별한 테스트를 받도록 하심으로써 그의 믿음의 근육을 단련하신 것이었습니다.

하나님께서는 우리가 우리 자신에 대하여 더 잘 알도록 하시기 위해 아브라함처럼 우리를 훈련시키십니다. 그러나 여전히 더 중요한 것이 있는데, 하나님께서는 또한 **우리가 하나님을 더 잘 알도록 하시기 위해서** 이렇게 훈련을 시키신다는 것입니다. 우리 모든 사람들에게 이것은 근본적인 문젯거리가 아닐 수 없습니다. 우리는 하나님을 너무나 모릅니다. 우리는 그분에 대한 것들도 믿고 그것이 좋다는 것도 믿습니다. 하지만 우리는 그것에서 멈추어 버립니다. 우리는 하나님에 대한 것도 알아야 할 뿐만 아니라 그분을 알아가야 합니다. 오, 그런데 아브라함은 하나님을 아는 이 놀라운 지식을 소유하고 있었던 것입니다. 그는 이 사건을 겪은 뒤에 이전에는 알지 못했던 그분에 대한 더 많고 더 좋은 것을 알게 되었던 것입니다. 여러분이 하나님의 자녀라면, 여러분에게 일어나는 모든 것은 이러한 더 위대한 지식으로 여러분을 이끌어 갈 것입니다.

아브라함은 이전보다 더욱 더 하나님의 목적, 하나님의 성품, 그리고 무엇보다 하나님의 권능과 전능하심을 깊이 알게 되었습니다. 아브라함은 이제 이것을 논리적으로 생각할 수 있었던 것입니다. 그는, '하나님께서는 필요하다면 죽은 자를 살리실 것이다.' 라고 말했습니다. 그러나 하나님께서는 그런 일이 가능하지만 굳이 그런 일이 일어나게 할 필요는 없다는 것을 그에게 보여주셨습니다. 사실 하나님께서는 아브라함에게 이렇게 말씀하신 셈입니다. "아브라함아, 아주 잘하였다. 네가 이러한 사실을 알고 있기 때문에 너에게 굳이 그런 일이 일어나도록 할 필요는 없었단다." 그렇게 하나님께서는 우리의 지식을 확장시키십니다.

왜 그렇게 하실까요? 저는 그것이 하나님께서 우리가 어둠 속에 있어도, 그리고 어떤 일이 일어난다 해도 상관없이 하나님을 철저하고도 절대적으로 신뢰할 수 있는 위치에 이르기를 원하시기 때문이라고 생각합니다. 그리고 아브라함은 그 테스트를 통과했습니다. 그가 이해하지는 못했을지라도 "하나님께서 나에게 요구하셨다. 나에게 명령하신 것이다. 그래서 나는 실천하는 것이다."라고 말한 것입니다.

그리고 하나님께서는 아브라함에게 그가 통과했음을 확증시켜 주셨습니다. 확증은 하나님께서 아브라함이 그만 두기를 요청하실 때 천사를 통하여 하셨습니다.

'사자가 가라사대 그 아이에게 네 손을 대지 말라 아무 일도 그에게 하지 말라 네가 네 아들 네 독자라도 내게 아끼지 아니하였으니 내가 이제야 네가 하나님을 경외하는 줄을 아노라' (창세기 22:12).

이 말씀의 의미는, "네가 항상 내가 너에게 말하는 것은 무엇이든지 실천할 준비가 되어 있구나."라는 뜻입니다.

그러므로 우리 역시 이해하든지 못 하든지 다음과 같이 말해야 할 것입니다.

오, 주님, 나의 방법이 아닌 당신의 방법으로 하소서.
아무리 어려워 보일지라도!

호라티우스 보나르(Horatius Bonar)

모든 단일한 반대를 무릅쓰고 우리는 그분이 우리에게 가라고 명하시는 곳이면 어디든지 따라 갈 준비가 되어 있어야 합니다.

그러나 하나님께서 우리를 테스트하시는 보다 더 큰 이유는, 감사하게도 우리가 더 큰 확신을 갖게 하시려는 것입니다.

여호와의 사자가 하늘에서부터 두 번째 아브라함을 불러 가라사 대 여호와께서 이르시기를 내가 나를 가리켜 맹세하노니 네가 이같이 행하여 네 아들 네 독자를 아끼지 아니하였은즉 내가 네 게 큰 복을 주고 네 씨로 크게 성하여 하늘의 별과 같고 바닷가 의 모래와 같게 하리니 네 씨가 그 대적의 문을 얻으리라 또 네 씨로 말미암아 천하 만민이 복을 얻으리니 이는 네가 나의 말을 준행하였음이니라 하셨다 하니라 (창세기 22:15-18)

하나님께서는 우리가 갖고 있을법한 확신을 테스트해보십니 다. 그것은 우리에게 더 큰 확신을 주시기 위함입니다. 그래서 테스트는 계속되는 것입니다. 우리가 누군가를 알고 있다고 생 각할 때, 그 사람과 같이 살아보면 다른 좋은 면들을 아주 많이 알게 됩니다. 그와 마찬가지 이유로 하나님께서 함께 하시는 것 입니다.

저에게 있어, 현대 교회의 비극은 시작 부분에서만 맴도는 경 향에 있는 것 같습니다. 구원은 모든 것입니다. 우리는, "구원받 았습니다."라고 말합니다. 그리고 거기서 멈춰버립니다. 그러나 여러분은 수년 전보다 하나님을 더 많이 알고 있습니까? 하나님 을 10년 전보다 바로 오늘 하나님을 더 확신한다 할 수 있습니 까? 하나님에 대한 지식이 점점 늘고 있습니까? 그래서 더 큰 확 신과 더 큰 신뢰를 가지게 되었습니까? 여러분이 한 번 테스트 를 받고 그 테스트를 통과하게 되면 하나님께서는 여러분에게 더 큰 지식을 주십니다. 그리고 두 번째 테스트를 통해서도 주십니다. 세 번째, 네 번째도 마찬가지입니다.

그리스도인이라는 사람들, 즉 우리는 확신을 갖고 성장하고 있습니까? 우리는 그것을 의도해야 합니다. 회심하는 순간이 가장 행복하며 그 때를 능가하는 기쁨은 없다고 하는 그런 개념은 거짓입니다. 그것은 비 성경적입니다. 그러나 그렇게 말하고 다니는 그리스도인들이 얼마나 많습니까! 그들은, "처음에 가졌던 그런 기쁨을 또 갖지는 못 할 거야."라고 말합니다. 그러나 사랑하는 여러분, 그보다 더 큰 기쁨을 가질 수 있습니다.

여러분은 '은혜와 우리 주님과 구세주 예수 그리스도 안에서' 성장해야 합니다(베드로후서 3:18). 여러분은 그리스도 안에서 유아로 머물러서는 안 됩니다. 여러분은 그분의 지식 안에서 성장하여 젊은이가 되어야 하고, 중년, 그리고 원숙한 지경에 이르기까지 성장해야 합니다. '여호와의 사자가 하늘에서부터 두 번째로 아브라함을 불렀다' 고 했습니다. 이는 확신을 더 주기 위해서였습니다.

그러나 마지막으로, 저는 하나님께서 다음과 같은 이유로 아브라함을 테스트하셨다고 믿습니다. 이 부분을 경외함과 약간의 망설임을 갖고 말씀드리고자 합니다. 저는 이 말씀들이 다음과 같은 것을 말한다고 믿습니다. 그것이 무엇이냐면, 하나님께서는 **자신을 신뢰하고 믿는 사람들로 이루어진 모든 세계를 보여주시려고** 아브라함을 테스트하셨다는 것입니다. 이 말씀에 주목해보십시오.

'저희가 이제는 더 나은 본향을 사모하니 곧 하늘에 있는 것이라 그러므로 하나님이 저희 하나님이라 일컬음 받으심을 부끄러워 아니하시고 저희를 위하여 한 성을 예비하셨느니라' (히브리서 11:16).

전능하신 하나님께서 친히 이러한 방식으로 알도록 해주셨습니다. 하나님께서 큰 임무를 주시려고 모세를 부르셨을 때, 모세는 약간의 혼란을 느끼면서 이렇게 여쭈어 보았습니다. "당신은 누구십니까?" 그러자 하나님께서는, "너희 조상의 하나님 곧 아브라함의 하나님, 이삭의 하나님, 야곱의 하나님 여호와라."고 말씀해주셨습니다. 그분은 이런 식으로 우리와 자신을 묶으십니다. 그분은 '그들의 하나님이라 불리는 것을 부끄러워하지 않는다.' 라고 말씀하실 수 있는 그런 사람들을 이루셨습니다. 이것은 마치 하나님께서 다음과 같이 말씀하신 것과도 같습니다. "너는 이렇게 나를 묘사할 수 있다 ― 나는 아브라함과 같은 사람의 하나님이라고. 나는 아브라함을 그런 사람이 되도록 만들었다. 나는 그런 사람들의 하나님이다. 나는 이런 이교도의 신들과 같지 않으며, 존재하지도 않는 이런 신성을 갖고 있지도 않다. 그리고 이런 우상들, 이런 유령 같은 것들, 사람들이 고안해 낸 이런 미약한 것들과 같지 않다. 아니다. 아니야. 나는 아브라함과 이삭과 야곱의 하나님, 바로 그 하나님이다."

그러므로 여러분과 저는 하나님께서 우리들에게, 또 우리에 대하여 이런 식으로 이렇게 말씀하신 대로 하나님을 알아야 하며, 또 그러한 하나님의 사람들이 되어야 하겠습니다. 고린도후서 6장 17-18절은, '그러므로 주께서 말씀하시기를 너희는 저희

중에서 나와서 따로 있고 부정한 것을 만지지 말라 내가 너희를 영접하여 너희에게 아버지가 되고 너희는 내게 자녀가 되리라 전능하신 주의 말씀이니라' 고 말씀합니다. 이렇듯 하나님께서는 그 세상이 임하기 전에 아브라함이 그분을 확실히 붙잡게 하시려고 테스트하신 것이며, '나는 지금의 아브라함과 같은 사람을 만드는 하나님이다.' 라고 말씀하시는 것입니다.

그리고 여러분과 저에게 제공 되는 특권은 이것입니다. 그 특권이란, 하나님께서는 이 세대와 다음 세대에게 '네가 나에 대해 뭔가 알고 싶다면, 나는 이런 사람들의 하나님이다.' 라고 말씀하실 것이라는 것입니다. 우리는 그분에 대한 이런 친밀한 지식과 순종함으로, 그리고 이런 말씀을 해주실 하나님을 신뢰하고 확신하며 살아야 하겠습니다. 그러면 하나님께서 자신을 모르는 사람들에게 "이 사람들을 보라. 그리고 나에게 오라. 그러면 나는 너의 하나님이 될 것이다."라고 말씀하실 것입니다.

그렇습니다. 이것은 놀라운 것입니다! 그러나 그분은 더 숭고한 자신의 호칭을 갖고 계십니다. 그분은 바로 '우리 주와 구세주가 되시는 예수 그리스도의 하나님이시오 아버지' 이십니다. 하나님은 예수님의 하나님이며 우리의 하나님이십니다. 저는 이 사실을 여러분 앞에서 확실히 하지 않고서는 이 말씀들을 그냥 내버려 둘 수 없었습니다. 우리가 심사숙고해야 할 것은 다른 무엇보다도, 이 아브라함의 이야기 속에서 예견되어지는 것들을 아는 것입니다. 아브라함은 실제로 이삭을 죽이지 않았지만, 하나님께서는 하나 뿐인 아들을 치시고 죽이셨습니다. 그래서 이 아들을 믿는 자는 누구든지 멸망하지 않고 영생을 얻게 됩니다(요한복음 3:16). 우리를 향하신 하나님의 사랑의 범위는 이것입니다 — 우리를 위해 향기로운 구세주로서, 희생 제물로서, 자신의 아들을 주신 것 말입니다. 성경은, '자기 아들을 아끼지 아니하시고 우리 모든 사람을 위하여 내어주신 이가…'(로마서 8:32)라고 말씀합니다.

우리가 믿는 하나님이 바로 이런 분이십니다. 이분은 아브라함과 이삭과 야곱의 하나님, 그리고 우리 주와 구세주가 되시는 예수 그리스도의 하나님이시오 아버지이십니다. 이분은 여러분의 하나님이 맞습니까? 여러분은 이분을 '나의 하나님'이라고 생각하신 적이 있습니까? 이 하나님이 우리의 하나님이라면, 우리는 특권을 가진 것입니다. 바로 '이 하나님의 자녀들'이라고 불리는 그 특권을 말입니다.

5장

모세
하나님을 본 사람

영접하는 자 곧 그 이름을 믿는 자들에게는
하나님의 자녀가 되는 권세를 주셨으니
이는 혈통으로나 육정으로나 사람의 뜻으로 나지 아니하고
오직 하나님께로서 난 자들이니라
(요한복음 1:12-13)

믿음으로 모세가 났을 때에 그 부모가 아름다운 아이임을 보고
석 달 동안 숨겨 임금의 명령을 무서워 아니하였으며
믿음으로 모세는 장성하여 바로의 공주의 아들이라 칭함을 거절하고
도리어 하나님의 백성과 함께 고난 받기를
잠시 죄악의 낙을 누리는 것보다 더 좋아하고
그리스도를 위하여 받는 능욕을
애굽의 모든 보화보다 더 큰 재물로 여겼으니
이는 상주심을 바라봄이라
믿음으로 애굽을 떠나 임금의 노함을 무서워 아니하고
곧 보이지 아니하는 자를 보는 것같이 하여 참았으며
믿음으로 유월절과 피 뿌리는 예를 정하였으니
이는 장자를 멸하는 자로 저희를 건드리지 않게 하려한 것이며
믿음으로 저희가 홍해를 육지 같이 건넜으나
애굽 사람들은 이것을 시험하다가 빠져 죽었으며
(히브리서 11:23-29)

사람들이 나를 괴롭히고 압박할지라도,
오직 주님께서 호흡하시는 곳에 이르게 될지니.

- 헨리 프랜시스 라이트(Henry Francis Lyte) -

우리는 이제 모세의 기사에 이르게 되었습니다. 여러분은 히브리서 11장에서 아브라함과 모세에게 가장 많은 분량을 할애하고 가장 크게 주의를 기울인 것이 조금도 놀랄 일이 아니라는 것을 아시게 될 것입니다. 아브라함은 열국의 아버지였습니다. 그는 신약성경에서 '믿는 모든 자의 조상' (로마서 4:11, 갈라디아서 3:7절 참조)으로 묘사되었으며, 그가 그런 명성을 받은 것은 자연스러운 것입니다.

모세는 하나님께서 백성들에게 주어야 할 계명들을 받은 율법 수여자라는 이유로 아주 중요한 사람입니다. 그래서 그는 이스라엘 백성의 모든 이야기 속에서 중추적인 역할을 하였습니다. 이 두 사람 모두 탁월한 인물들로서, 이스라엘 백성들이 언제나 특별히 돌이켜 보는 사람들입니다. 아브라함은 '우리의 조상' 으로, 모세는 백성들을 이집트(애굽)의 노예 생활에서 약속의 땅 가나안으로 인도한 율법 수여자로 말입니다.

이제 저는 다시 이 중요한 원리를 강조해야만 하겠습니다. 히브리서 기자는 실제로 이 사람들의 삶을 자세히 살피는 것에 관심을 두지 않았습니다. 그는 무엇이 그들로 하여금 이런 사람들이 되게 하였는가와 그들의 확신은 무엇이었는가에 관심을 가졌습니다. 그가 우리에게 말하고 있는 것은 그들의 모든 비결입니다.

지금도 히브리서 11장은 자주 오용(誤用)되는 장입니다. 그 이유는 11장에서 말하는 중요한 원리를 마음으로 깨닫지 못했기 때문입니다. 그 한 예로, 하나님께서 아들 이삭을 희생 제물로 드리라는 요구를 받은 아브라함의 경우를 봅시다. 얼마나 자주 다음과 같은 호소와 훈계로 다루어지는지 모릅니다. "너는 '너의 이삭'을 희생 제물로 드렸니?" 이렇듯 '우리의 이삭들'을 희생 제물로 바치라는 엄청난 압박감으로 오용되는 것입니다. 그리고 우리가 그렇게 하기만 하면 엄청난 축복을 받게 될 것이라는 말이 추가됩니다.

그러나 이것은 11장에 대한 완전한 오해요, 오용입니다. 이 장이 강조하는 것은 다음과 같은 내용입니다. '그들은 자신들이 가진 믿음과 확신 때문에 이런 일들을 할 수 있었다.' 그러므로 여러분은 여러분의 이삭에서 출발해서는 안 됩니다. 확신을 얻는 일과 내가 믿는 믿음이 확실한가에 집중해야만 합니다. 가르침은 다음과 같습니다. 여러분이 만일 아브라함의 믿음을 가지게 되고 아브라함의 확신을 가지게 된다면, 그래서 여러분의 이삭을 제물로 드리라는 요구를 받은 자신을 발견하게 된다면 순종할 수 있게 될 것이며, 이렇듯 제물로 드리라는 테스트를 받게 될 것이라는 것입니다. 사람들이 11장의 가르침을 그렇게 자주 뒤집어놓고, 거대한 축복을 받고자 자신의 이삭들을 제물로 드리는데 삶을 허비하는 것은 비극이 아닐 수 없습니다.

모세 이야기

우리는 이제 모세에 이르게 되었습니다. 우리가 살펴보아야 할 것은 그의 확신입니다. 왜냐하면 이 확신은 그로 하여금 기록된 것과 같은 놀라운 일들을 하도록 만들었기 때문입니다. 여러분은 그 이야기들을 출애굽기에서 발견하실 수 있습니다. 성경뿐만 아니라 세상의 문학에서도 언급되는 가장 위대한 이야기 중의 하나이기도 합니다.

히브리서 기자는 우리에게 모세가 '바로의 공주의 아들이라 칭함을 거절' 하였음을 상기시킵니다. 이것은 그가 어떠한 사람이었는지 알려주는 말씀입니다. 그가 태어나던 때는, 히브리인 남자로 태어나는 아기는 모두 죽이라는 왕의 명령이 시행되고 있던 때였습니다. 그런데 이 작은 아기가 태어나게 되었고, '그 부모가 아이의 아름다움을 보고 석 달 동안 숨겼다' 고 했습니다 (23절). 그는 대단히 아름다웠습니다. 이 새 아기가 태어났을 때 그들의 부모는 이 아기를 죽일 수 없을 것이라는 것을 알았습니다. 그래서 아기를 숨겼고, 여러분이 기억하시듯이, 갈대 상자에 싸서 강으로 급히 흘려보냈습니다. 그는 거기서 바로왕의 딸에게 발견되었습니다. 그녀가 그를 기르기 위해 그의 친어머니에게 보냈음에도, 그녀는 그를 자신의 아들로 생각하였고, 바로왕과 모든 사람들도 그녀의 딸로 생각하였습니다. 그녀는 그를 양자로 맞았고, 그에게 애굽의 왕자라는 모든 특권과 모든 놀라운 전망을 주었습니다. 이 사람 모세보다 더 찬란하고 영광스러운 이력을 가진 사람은 일찍이 없었습니다.

그러나 우리는 '수년이 흘러' 이 모든 것이 바뀌는 것을 보게 됩니다. 그 때는 '그의 나이가 만 40세 되던 해' 였습니다(사도행전 7:23). 40년 동안을 모세는 그를 따르는 권력과 장래의 전망들과 더불어 모든 왕궁의 특권을 누렸습니다. 그런데 그가 갑자기 이 모든 것을 포기한 것입니다. 그는 더 이상 바로왕의 딸의 아들로 알려지기를 포기하는 중대한 결심을 하게 된 것입니다. 모세는 노예 이상은 아무 것도 아닌 사람들, 비참한 고통 가운데 있는 이 사람들과 자신을 동일시하게 되었습니다. 이것이 25절의 내용입니다. 그는 자신에게 속한 모든 것을 한쪽으로 치워버리고, 이들 히브리 노예들 중의 하나가 된 것입니다. 여기에 덧붙여, 그는 생명의 위협을 감수해야 했습니다. 그는 자신의 동료 고향 사람을 학대하는 애굽인을 보게 되자, 자신이 뭔가 해야겠다고 생각했습니다. 그래서 그는 그 이집트인을 살해하고 모래 속에 묻어버렸습니다. 그러나 불행하게도 이것이 알려지게 되어 모세는 생명을 부지하기 위해 달아나게 되었습니다.

제가 강조하고자 하는 점은, 모세가 자신의 거대한 지위를 포기했을 뿐만 아니라 생명의 위협도 각오했다는 것입니다. 그리고 미디안 땅의 한 목자가 되었습니다. 우리가 이렇게 하기는 매우 어렵습니다. 학식과 호화로움과 바로왕궁의 볼거리에 길들여진 사람이 어떻게 갑자기 아무도 없는 외국 땅에서 이리 저리 목초지를 오가며 양떼들을 돌보는 그런 낮은 위치의 목자가 될 수 있었을까요. 그가 이런 지경에까지 이르도록 자신을 낮추었다는 것은 주목할 만한 일입니다.

그러나 — 우리가 늘 놓치는 것이기 때문에 제가 강조하고 싶어 하는 것이기도 합니다 — 모세는 행복한 목자의 삶을 그만두기로 결심합니다. 저는 지금 '행복한 삶'이라고 말했습니다. 왜냐하면 이 삶은 안정되고 비교적 편안하며, 어떤 골칫거리와도 연관되지 않은 삶이기 때문입니다. 목자의 삶은 단순한 삶입니다. 그러나 이 사람은 이 모든 것을 버려두고 하나님의 명령 속에서 피할 수 없는 위기와 위험이 가득한 삶과 한결같은 생각을 요구하는 삶, 그리고 지속적으로 가장 힘들고, 여러 문제들과 연관되어 늘 심사숙고해야 할 삶을 스스로 취했습니다.

저는 지금 이것을 강조하는 것입니다. 왜냐하면 어떤 때는 거대한 지위를 포기하는 것보다 편안한 삶을 포기하는 것이 더 어렵기 때문입니다. 물론 이런 일은 사람들마다 기질에 따라 다르겠지만, 이런 두 가지 타입의 모습은 우리들 가운데 나타나는 가장 두드러진 모습이라 할 수 있습니다. 황홀함과 화려함은 우리에게 호소력을 지닐 수 있습니다. 그러나 또한 우리는 게으른 자들이기도 합니다. 우리는, "편안한 삶이라면 어떤 삶이든 좋다."고 말합니다. 여러분은 한 쪽 삶은 포기하고 다른 삶을 택합니다. 그렇게 하는 것은 그 삶이 여러모로 더 낫기 때문에 삶을 아늑하게 하기에는 안성마춤일 것이라고 생각하기 때문입니다. 그런 삶은 왕궁의 삶보다 더 편합니다. 고차원적인 결심을 하지 않아도 되기 때문입니다. 그저 양떼나 돌보고 감정이 끌리면 묵상도 하고 시도 쓸 수 있습니다. 얼마나 아름다운 삶인지 모릅니다! 도시의 삶이 아니라 편안한 시골의 삶이란 것이 말입니다.

그러나 '그런 삶에서 떠나라!'는 갑작스런 요구를 받게 되니다. 그리고 순종하겠다는 결심은 처음 결심보다 더욱 더 어려운 결심이 될 수 있었습니다. 그러나 모세는 그렇게 하겠다는 응답을 합니다. 그는 이제 가장 어렵고, 사람이 살아가는 것과 연관된 시련의 삶 속으로 들어가게 된 것입니다.

다음으로, 우리는 모세가 위대한 바로왕에게 도전하는 것을 보게 됩니다. 그는 생명의 위협을 감수해야 할 모든 상황 속으로 다시 돌아 간 것입니다. 그러나 거기에서 멈추지 않았습니다. 그는 바로왕에게 말했습니다. 그의 앞에 서서 조금도 두려움이 없이 하나님의 메시지를 전하며 도전합니다. 그는 온유한 사람이었습니다. 성경은 그가 지면의 모든 사람들 중에서 가장 온유하다고 말씀합니다(민수기 12:3).

그러나 성경은 그가 원래는 신경질적이고 자기 확신도 없는 소심한 사람이었다고 아주 분명히 기록하고 있습니다. 그러나 그가 이제는 대담하게 '왕의 노함을 두려워하지 않으며' (히브리서 11:27), 이 막강한 바로왕 앞에 선 것입니다. 얼마나 대담합니까!

그뿐만이 아닙니다. 모세는 유월절도 지켰습니다. 양을 죽여서 양의 피를 문설주와 인방(引枋)에 발랐습니다. 그런 다음 바로왕의 군대와 전차들이 추격할 것을 알면서도 히브리 사람들을 애굽에서 데리고 나와 이끌었습니다. 그리고 더 놀라운 일은, 그가 조금도 바로왕의 막강함과 권능과 왕의 모든 군대들에게 항거하지 않았다는 것입니다. 그는 자신이 인도해 낸 이 사람들과 함께 이렇게 애굽에서 나올 수 있었습니다. 이 히브리 사람들은 언제나 투덜대고 불평할 준비가 되어 있는 사람들이었으며, 항상 애굽으로 다시 돌아가기를 원했고, 언제나 소망을 저버리고 훌쩍대며 울거나 소리만 질러 댄 사람들이었습니다 ─ 오, 이스라엘 백성의 이 변덕스러움이란! 그런데 모세는 이런 두 가지 어려움을 무릅쓰고 이들을 인도해낸 것입니다.

그리고 마지막으로, 모세는 홍해를 통해 사람들을 인도합니다. '믿음으로 저희가 홍해를 육지 같이 건넌' 것입니다(29절). 저는 이것이 모든 성경 중에서 가장 극적인 사건이라고 생각합니다. 그리고 이것은 이스라엘 백성들의 믿음이 아닌 모세의 믿음이었습니다. 그래서 그들은 안전하게 되었습니다. 모세가 백성들을 이끌어 냈을 때 그는 갑작스런 장애에 부딪혔습니다. 한 쪽에는 비하히롯이라는 산이 있었으며, 다른 쪽에는 바알스본이라는 산이 막았기 때문입니다(출애굽기 14:2). 또한 그들 앞에는 홍해가 있었습니다. 그 뒤로 바로왕과 그의 군대들이 추격해 오고 있었습니다. 그들이 무엇을 할 수 있었겠습니까? 그들은 완전히 벼랑 끝에 몰리게 되었습니다. 가망이 없었습니다! 그러나 놀라운 순간은 모세가 주님의 명령에 순종하였던 바로 그 때였습니다. 하나님께서는, "이스라엘 자손을 명하여 앞으로 나가게 하라"고 말씀하셨습니다(출애굽기 14:15). 그리고 모세가 명령을 내리자 그들은 홍해를 건너게 되었습니다.

근원적인 힘

그런 뒤에 이 사람 모세가 한 일의 목록들이 이어집니다. 히브리서 기자는 우리에게 이런 세부적인 일들을 상기시켜 줍니다. 그러나 이제는 기자의 방식과 왜 기자가 우리에게 모세에 대한 이런 사실들을 제공하는지 따라가 봅시다. 저는 이제까지 모세가 한 일을 말씀드렸습니다. 그러나 이제는 이런 질문을 던져보겠습니다. 그가 이 모든 일을 하게 만든 것은 무엇인가? 그에 대한 답이 여기서 매우 흥미롭고 가장 중요한 방식으로 주어졌습니다. 그리고 이 답은 11장 전체의 본질적인 가르침이 됩니다.

모세가 직관에 순종하거나 그가 색다른 감정이나 본능을 가지고 있었기 때문에 이런 일들을 이룰 수 있었던 것은 아닙니다. 그가 일에 몰입했을 때 어떤 예감 같은 것을 따른 것이 아니었다는 것입니다. 아니오, 아닙니다. 그것은 기독교가 아닙니다. 모세는 매우 분명한 과정의 결과를 따라, 즉 오늘 본문의 25절과 26절에서 두 가지 치명적인 단어로 요약된 과정을 따라 이 모든 일을 한 것입니다.

그 첫 번째 단어는 '선택'(우리의 성경에는 '더 좋아하고'라고 표현됨 — 옮긴이)이라는 단어입니다. '하나님의 백성과 함께 고난 받기를 잠시 죄악의 낙을 누리는 것보다 더 좋아하고.' 두 번째 단어는 '중히 여기다'라는 단어입니다. '그리스도를 위하여 받는 능욕을 애굽의 모든 보화보다 더 큰 재물로 여겼으니.' 사도 바울은 이와 똑같은 단어를 정확히 빌립보서 3장 7-8

절에서 사용하였습니다. '무엇이든지 내게 유익하던 것을 내가 그리스도를 위하여 다 해로 여길뿐더러 또한 모든 것을 해로 여김은….' 바울도 그렇게 여기면서 이를 실천하였습니다.

선택

오늘 본문에는 두 가지 위대한 원리가 나옵니다. 이것은 우리가 우리 자신에게 모두 적용해볼 수 있는 유익한 테스트를 제공하기 때문에 중요합니다. 첫째로, 그리스도인은 언제나 두 가지 양자택일을 고려하는 입장에 있다는 것입니다. 제가 두 가지 양자택일이라고 말할 때, 이것은 당연히 궁극적인 면에서 말하고 있는 것입니다. 저는 우리 모두가 결정해야 할 일상의 작은 결정들을 언급하려는 것이 아닙니다. 그보다는 두 가지 큰 가능성이 언제나 그리스도인 앞에 있다는 의미입니다 — 이는 오직 그리스도인에게만 해당됩니다.

그리스도인이 아닌 사람들은 이것이 무엇인지 모릅니다. 그들은 오로지 한 가지만 압니다. 그것은 삶에 대한 세상적인 관점이기도 합니다. 물론 삶에는 다양한 가능성들이 있습니다. 어떤 차를 살까, 어떤 집을 구입할까에 대한 것이 문제가 될 수 있습니다. 그런데 이 모든 문제들은 이 세상의 영역에 속한 것입니다. 그러나 그리스도인은 두 가지 방식으로, 두 가지 가능성으로 바라봅니다. 그것은 바로 '좁은' 문이냐 넓은 문이냐에 대한 것입니다. 또한 좁은 길이냐, 넓은 길이냐에 대한 것이며 생명으로 인도하는 길이냐, 멸망으로 인도하는 문이냐, 그리고 영적인 방식이냐, 세속적이고 육적이며 세상적인 방식이냐에 대한 것입니다. 그리스도인들은 언제나 그들 앞에 놓여 있는 이 두 가지 큰 방식과 모든 가능성들에 대해 깨어있는 사람들입니다.

그러므로 여러분이 보시는 것처럼, 모세는 지속적으로 두 가지 양자택일할 것들과 직면해 왔던 것입니다. 즉 바로왕의 딸의 아들이냐, 하나님의 백성과 함께 하는 삶이냐. 광야의 목자로 남느냐, 하나님의 부르심에 순종하느냐. 이런 것이 모두 결정을 내리는 것과 연관되었습니다. 모든 사람들과 자신을 둘러싼 모든 상황들이 연관된 것입니다. 그리고 이것은 제가 또 말씀드리는 것이지만, 모든 그리스도인의 진실이기도 합니다. 그리스도인은 언제나 이런 두 가지 요구들, 두 가지 선택사항과 직면합니다. 하나님과 마귀. 천국과 지옥. 영적인 삶과 세상적인 삶. 그리스도인들은 이런 것에 눈을 뜬 사람들입니다. 그리스도인들은 항상 선택해야만 하는 사람들입니다.

중히 여김

그 다음의 원리는, 그리스도인은 항상 복음에 비추어 모든 것을 평가하는 사람들이라는 것입니다. 이것이 그들의 기준입니다. 이는 또한 모세의 비결이기도 했습니다. 반복해서 말씀드리지만, 그는 직관을 따르거나 자극을 받아 행동하지 않았습니다. 그가 자신의 동료 고향 사람을 학대하는 애굽인을 죽였을 때, 그것은 기록된 것처럼 순간적인 돌발 행위가 아니었습니다. 그보다는 긴 고심 끝에 한 일이었습니다. 그는 학대 행위를 계속 지켜보았고, 마침내 가격할 때를 만난 것입니다.

복음에 나타난 이 하나님의 계시는 첫 번째로, 그리스도인들이 **세상을 통해 바라볼 수 있게** 해줍니다. 그들은 모든 것에 적용할 수 있는 테스트를 받습니다. 이것이 다음과 같이 표현된 것입니다.

'도리어 하나님의 백성과 함께 고난 받기를 잠시 죄악의 낙을 누리는 것보다 더 좋아하고' (25절).

모세가 왕궁 생활을 하면서 모든 화려함과 바로왕을 둘러싸고 있는 축제와 애굽의 왕자로서 자신의 미래를 바라볼 때, 오직 이런 것들만 그의 눈에 들어온 것이 아니었습니다. 그는 순간적으로 이런 것들을 하나님과 인간, 그리고 인생과 하나님의 영광에 관한 빛에 비추어보고, 하나님의 계시의 맥락 속에 두었습니다. 그러자 그렇게 매력적으로 보였던 것들이 한순간에 죄가 되고 말았습니다. 그렇게 살았던 것이, 이런 삶을 만든 것이 다름 아닌 죄악이었던 것입니다. 이것은 하나님의 부르심을 대적하는 것을 의미했습니다. 자신의 양심이, 그리고 그의 안에 있는 모든 것이 죄라고 정죄하였습니다.

모세는 이제 애굽의 즐거움이란 것이 단지 '잠시 잠깐'에 불과하다는 것을 깨닫게 만든 위대한 통찰력을 갖게 되었습니다. 세상의 모든 괴로움은 사람들이 이것을 깨닫지 못한 것에 있습니다. 사람들은, "인생은 참으로 아름다운 것이 아닌가! 내 자신이 이렇게 인생을 즐기니 이렇게 좋은 것은 다시는 얻지 못하리라. 저번보다 더 마시고 먹어야지. 저번에 가졌던 차보다 훨씬 좋은 차도 구입했어. 종교가 다 뭐냐? 말 같지도 않은 것이지. 시시한 것이 종교야."라고 말합니다.

그것들은 '잠깐 동안 있을 죄의 쾌락들'입니다. 그러나 사람들은 죄를 알아가는 것을 멈추지 않습니다. 그들은 멈추는 것을 알지 못합니다. 왜 그러냐고요? 그것은 그들이 그리스도인이 아니기 때문입니다. 그리스도인들은 이렇듯 다른 관점을 가진 자들입니다. 그들은 이러한 높은 이해력을 가진 자들입니다. 그리스도인들은 이 모든 것들이 사라질 것을 아는 자들입니다. 사람이 바로왕처럼 된다 하더라도, 그도 결국 죽고 허물어져서 무덤 속의 먼지가 될 것을 아는 것입니다. 그리스도인들은 이런 관점으로 모든 것을 보는 사람들입니다.

'세상을 이긴 이김은 이것이니 우리의 믿음이니라' (요한일서 5:4).

두 번째로, 복음은 그리스도인들에게 그리스도인의 삶에 대한 긍정적인 이해를 제공합니다. 두 가지가 항상 나란히 합니다. 여러분은 이 세상을 통해 봅니다. 그리고 하나님의 나라와 하나님의 목적도 봅니다. 모세는 고난의 의미를 정확히 알 수 있었습니다. '도리어 하나님의 백성과 함께 고난 받기를… 더 좋아하고, 그리스도를 위하여 받는 능욕을 애굽의 모든 보화보다 더 큰 재물로 여겼으니.' 이것은 정말 놀라운 진술입니다. 이것이 의미하는 것은 다음과 같습니다. 모세는 자신의 생애에서 고난을 전적으로 새로운 방식으로 바라볼 수 있었다는 것입니다. 사실 그는 이렇게 말한 셈입니다. "내가 하나님께 순종한다면 하나님의 백성으로서의 삶 때문에 받게 될 치욕과 고난과 연결될 것이다. 그러나 이것은 좋은 것이다. 나는 이 속에 가치가 있음을 볼 수 있다."

모세는 '주께서 그 사랑하시는 자를 징계하시고 그의 받으시는 아들마다 채찍질하신다'는 것을 보았던 것입니다(히브리서 12:6). 즉 그는 고난으로 치료받는 그 가치를 볼 수 있었던 것입니다. 그래서 시련과 괴로움이 올 때, 그는 이스라엘 백성들이 그렇게 자주 한 것처럼 땅바닥에 주저앉아 투덜대고 불평하지 않았습니다. 아니오, 아니었습니다. 그는 더 높은 이해력을 지니고 있었기에 이렇게 말했던 것입니다. "이 모든 것은 죄의 결과이고 타락의 결과이다. 이것은 하나님에게서 온 것이 아니라 마귀에게서 온 것이다. 그러나 이 모든 것을 통해서, 또 이 모든 것을 뛰어 넘어 하나님께서 나에 대한 위대한 목적을 갖고 계신다. 그분은 나의 유익을 위해 이런 것도 사용하실 수 있는 것이다."

사도 바울도 빌립보서 4장 11절에서, '어떠한 형편에든지 내가 자족하기를 배웠노니' 라고 말했습니다. 모세도 같은 비결을 발견한 것입니다.

그러나 세 번째로, 심지어 **고난의 특권**도 있습니다. '그리스도를 위하여 받는 능욕을 애굽의 모든 보화보다 더 큰 재물로 여겼으니.' '그리스도를 위하여 받는 능욕' 이라는 말의 의미는, 우리가 우리보다 앞서 가신 그리스도의 발자취를 따라 걷는 것을 뜻합니다. 과거에 이 세상에서 능욕 당함으로 고난을 받으신 이가 계셨으니, 바로 인간이 되신 하나님의 아들이십니다. 이것은 '그는 멸시를 받아서 사람에게 싫어 버린바 되었으며' (이사야 53:3)라는 말씀으로 요약되었습니다. 그분은 능욕과 무시당하는 고난을 받으셨습니다. 그러므로 그리스도인들이란, 그들의 주인처럼 그런 능욕과 무시를 받는 위대하고 고귀한 특권을 지닌 존재라는 것을 알게 된 사람들입니다. 그래서 사도 베드로는 우리가 멸시당하고 모욕을 받게 되는 것을 위대한 호소로 표현하였습니다. 그는 '…너희에게 본을 끼쳐 그 자취를 따라 오게 하려 하셨느니라… 욕을 받으시되 대신 욕하지 아니하시고 고난을 받으시되 위협하지 아니하시고 오직 공의로 심판하시는 자에게 부탁하시며' (베드로전서 2:21, 23)라고 말했습니다.

사도 바울도 정확히 같은 것을 가르치고 있습니다. 그는, '그리스도를 위하여 너희에게 은혜를 주신 것은 다만 그를 믿을 뿐 아니라 또한 그를 위하여 고난도 받게 하심이라' 고 말했습니다 (빌립보서 1:29). 이것은 큰 특권입니다!

'내 형제들아 너희가 여러 가지 시험을 만나거든 온전히 기쁘게 여기라' (야고보서 1:2).

그러므로 그리스도인들은 다음과 같이 말합니다. "나는 그렇게 할 것이다. 치욕을 받는 것 때문에 괴로워하지 않을 것이다. 나는 그 길을 걷고 있다. 나는 그분을 따르고 있다. 그리스도의 능욕을 따르고 있다!" 그들은 그리스도를 위해 받는 고난을 고귀한 영광으로 생각합니다.

그리고 초대 기독교인들 중 어떤 이들은 결국 순교하게 되어 경기장에서 사자에게 던져졌습니다. 최후의 순간에 그들은 그분의 유익을 위해 부끄러움을 당하는 고난을 가치 있는 것으로 여기며 하나님께 감사를 드렸습니다. 초대 기독교인들은 입버릇처럼 마지막 영광의 면류관은 바로 순교의 옷을 입도록 허락받는 것이라고 말했습니다. 그리스도를 위한 죽음은 면류관이었습니다. 경기에서 승리한 선수가 면류관을 쓰는 것처럼 마지막 영광의 면류관은 바로 순교였던 것입니다! 그것은 그리스도의 능욕이기도 했습니다! 그것은 모세에게도 작용되었던 것으로 심사숙고할 것들입니다. 우리는 그가 이룬 일들을 살펴보았습니다. 그렇습니다. 그러나 중요한 질문은 다음과 같은 것입니다. 그가 그런 일을 하도록 만든 것은 무엇인가? 그리고 그 답도 있습니다. 그는 두 가지 길을 보았습니다. 이런 영광의 길을 보았고, 자신에게 죄가 되는 다른 길도 보았습니다. 그래서 그는 하나님께 순종하며 앞으로 나아갔습니다.

가능하게 만든 힘

그러나 모든 것 가운데에서 가장 중요한 또 다른 원리가 있습니다. 우리는 무엇이 모세가 그런 일들을 하도록 이끌었는가에 대하여 살펴보았습니다. 모세는 선택과 중히 여김으로 그런 일들을 하였습니다. 그렇습니다. 그러나 무엇이 그를 그렇게 만들었을까요? 이런 것들을 이론상으로 알아보는 것도 한 가지 방법입니다. 그러나 자신이 본 것을 행동으로 옮긴 사람이 있었던 것입니다. 무엇이 그 비결이었을까요? 그 대답이 사활(死活)을 좌우합니다. 그것은 확신입니다. 여기서 우리는 진리에 대한 지적 접근과 진리로 살아가는 것의 차이점을 보게 됩니다. 모세와 같은 삶을 살 수 있도록 해주는 것은 오직 한 가지, 바로 확신입니다.

'믿음은 바라는 것들의 실상이요 보지 못하는 것들의 증거니'(히브리서 11:1).

불확실한 것은 없었습니다. 그랬기 때문에 모세는 실제로 그가 이루었던 그런 일을 할 수 있었던 것입니다. 여러분은 모세를 닮아보려는 시도로 출발해서는 안 됩니다. 아니오, 아닙니다. 여러분은 그의 확신을 가져야 합니다. 그러므로 이제 그것을 살펴보도록 하겠습니다.

확신의 원천

모세는 어떻게 확신을 얻었을까요? 다시 이것은 가장 중요한 질문이 되었습니다. 그리고 성경의 기록은 이것을 아주 분명하고 선명하게 알려줍니다. 저는 그가 그의 어머니에게서 태어날 때부터 이 확신을 가졌음을 의심하지 않습니다. 그의 아버지와 어머니는 믿음을 가진 사람들의 목록에 포함되었습니다. '믿음으로 모세가 났을 때에 그 부모가 아름다운 아이임을 보고 석 달 동안 숨겨 — 이것이 그의 부모 아므람과 요게벳의 믿음이었습니다 — 임금의 명령을 무서워 아니하였으며' (23절).

그리고 아주 분명해 보이는 것은, 모세의 부모가 그를 데려왔을 때, 그들은 그에게 네가 어떠한 사람이며, 왜 우리가 그렇게 행동했었는가를 알려주었을 것이라는 사실입니다. 그들은 그에게 이스라엘 백성의 위대한 비밀을 말해주었을 것입니다. 그들은 이집트에서 현재 잠시 동안만 노예로 있는 것이며, 이것은 문제가 되지 않는다는 내용의 이야기를 알고 있었던 것입니다. 모든 이스라엘인들이 이 내용을 배웠습니다. 그리고 요게벳도 모세에게 이것을 가르친 것입니다. 그래서 그가 바로왕의 딸의 아들이라 불려도, 모세는 이와 같은 다른 이야기를 알고 있었던 것입니다. 이 이야기는 항상 그와 함께 하였습니다.

그 밖에 다른 이야기가 있었는지 생각해보는 것은 어렵습니다. 무엇보다도 하나님께서는 모세에게 말씀하셨다는 것입니다. 그가 자라서 젊은이가 되었을 때, 하나님께서는 그를 보다 직접적인 방식으로 다루기 시작하셨습니다. 이런 이야기는 없지만, 저에게는 성경의 모든 가르침을 볼 때 이 다루심은 필연적이었다고 여겨집니다.

그렇다면 우리가 절대적으로 확실하다고 할 수 있는 내용으로 나아갑시다. 그것은 바로 불타는 떨기나무입니다! 오후에 그가 그 자리에 있었습니다. 그냥 '광야 서편에서' (출애굽기 3:1) 산 쪽으로 양들을 치면서 말입니다. 그는 이전에도 여러 번 이렇게 했을 것입니다. 그는 어떤 것을 기대하지 않았습니다. 그는 단순한 목자의 삶 속에 안주했기 때문입니다. 그러다가 그는 갑자기 불이 붙었으나 타지 않는 떨기나무를 보게 되었습니다.

모세가 이 신기한 현상을 알아보려고 나아갔을 때 한 음성이 불타는 떨기나무에서 나왔습니다. 그 음성은 하나님의 음성이었습니다. 그리고 하나님께서는 그에게 말씀하셨습니다. 그도 이 음성이 하나님의 음성인 것을 알았습니다. 그것이 확신입니다! 이론상으로 하나님께서 하늘 어딘가에 계신 것을 믿은 것이 아니라, 하나님께서 그에게 알려주신 것입니다. 하나님께서는, '네 발에서 신을 벗으라' 고 말씀하셨습니다(출애굽기 3:5). 뒤로 물러서라는 것이었습니다! 그는 하나님의 음성을 들으면서 하나님의 임재 가운데 있었던 것입니다! 바로 그것이 확신을 주었습니다. 확실함도 제공되었습니다. 즉각적인 것이 있었던 것입니다. 성경에서 추론한 것이 아닙니다. 추론했다는 말은 성경에 없습니다. 하나님께서는 자신을 나타내시면서, 그에게 언약을 주시는 과정 가운데에서도, 그리고 모세가 할 일을 제안하실 때 그에게 직접 말씀하셨습니다.

성경을 읽다보면 다른 많은 상황 속에서 하나님께서 모세에게 말씀하시는 것을 보게 됩니다. 특별히 하나님께서 자신의 위대한 이름을 계시해주신 것을 받은 사람은 모세였습니다. '나는 스스로 있는 자니라.' 그분은 이전에는 한 번도 이런 특별한 방식으로 알려주신 적이 없었습니다. 그분은 이 이름을 사용하셨으며, 모세를 통해 이스라엘 백성에게 위대한 언약의 이름을 알려주셨습니다. 그리고 언약의 용어들을 말해주셨으며, 그들 앞에서 앞으로 하실 일을 열어 보이셨습니다. 이것이 확신을 주었던 것입니다!

여러분이 이것을 이해하시는 때는 오직 모세가 어떻게 그런 일을 할 수 있었는지 알게 될 때입니다. 모세가 바로왕 앞으로 나갔다는 이야기를 읽는 것은 얼마나 쉬운 일입니까? 그리고 우리 모두는 당연히 나라도 모세와 똑같은 행동을 했을 거라고 생각하는 경향이 있는 것 같습니다. 그러나 한 번 상상해보십시오! 아무런 도움도 없이 여러분 뒤에 있는 무기력하고 소망 없는 사람들과 함께 서 있다고 상상해보십시오! 그리고 이 사람들과 떠나겠다고 바로왕의 권력에 도전하는 모습을 상상해보십시오! 비하히롯과 바알스본과 바로왕의 군대들과 홍해 속에 있는 자신을 상상해보십시오! 이런 일들을 그냥 읽어 내려가는 것은 얼마나 쉽습니까? 하지만 여러분 자신이 그런 일을 할 수 있겠습니까? 그러나 이와 같은 일을 할 수 있도록 만든 것은 무엇일까요? 자, 오직 한 가지 대답만 있을 뿐입니다. 그것은 절대적인 확신입니다. 하나님께서는 우리가 살펴본 방식을 따라 모세에게 확신을 주셨습니다. 그리고 하나님께서는 그에게 놀라운 권능도 주셔서 그가 초자연적인 일들을 할 수 있도록 하셨습니다. 이 모든 것에 비추어 보면 모세는 확신을 가진 자였습니다.

확신의 초점

그러나 두 번째 질문을 드리겠습니다. 무엇이 모세로 하여금 확신(sure)하게 하였는가? 왜냐하면 그런 것들은 우리도 확신해야만 하는 것들이기 때문입니다.

첫째로, 그는 **하나님의 목적과 구원의 계획**을 확신하였습니다. 그는 하나님께서 친히 세상으로부터 사람들을 준비하고 계시다는 것을 확신했습니다. 그는 이 전통을 물려받았습니다. 그의 어머니가 그에게 이 분류, 즉 역사를 곧바로 가로 지르는 이 분류의 선을 말해주었던 것입니다. 기록된 것처럼 아벨과 가인, 하나님에게 속한 사람, 세상에 속한 사람, 노아와 그의 가족, 하나님의 백성들, 새로운 인류의 시작 등이 그것입니다.

그리고 모세는 이 모든 것을 믿었습니다. 그는 하나님께서 준비하셨던 사람들, 곧 아브라함, 이삭, 야곱에 대한 이야기를 믿었습니다. 그리고 구원에 대한 하나님의 방법도 믿었습니다. 그는 이것을 믿었고 확신했습니다. 그는 세상을 취하지 않았습니다. 사실 그는 이렇게 말한 셈입니다. "그래, 나는 알고 있다. 나는 다른 사람들도 알고 있는 모든 것을 알고 있다. 그러나 나는 하나님에게 계획이 있다는 것을 알고 있다. 그분은 친히 사람들을 부르실 것이다. 그분은 나라를 준비하고 계시다. 그분은 자신의 계획으로 내가 알고 있는 것을 진행하고 계신다."

모세는 또한 **이스라엘 백성들은 하나님의 사람들이며, 자신도 그들 중의 하나임**을 확신하였습니다. 그는 하나님의 자녀였습니다. 바로 그 점이 그가 더 이상 바로왕의 딸의 아들이라 불리지 않기로 결심하게 만든 배경이었습니다. 그가 히브리 노예를 학대하는 애굽인 폭군을 보았을 때, 그 위대한 순간이 온 것입니다. 그는 주저하지 않았습니다. 그는 이렇게 말한 셈입니다. "이들은 내가 속해 있는 백성들이다. 그리고 이 노예는 하나님의 백성들 중의 한 명이다. 나는 내 자신을 애굽에 속한 사람으로 생각했으나 이제는 아니다. 나는 이스라엘 백성에게 속하였고, 이제 그것을 증명해 보일 것이다!"

그런 뒤에 모세는 자신이 **하나님의 백성들에 대하여 특별한 기능을 이행하라는 요청을 받았다고** 확신했습니다. 이제 다시 한 번 그가 주저하고 망설였다는 기록을 보게 된 것에 대하여 하나님께 감사하십시오. 우리의 인생이란 것이 이렇듯 완벽하지 않습니다. 그러나 그럼에도 모세는 하나님께서 자신을 부르셨다는 것을 확신한 것입니다. 그는 하나님께, "저는 말할 줄 모릅니다. 왜 당신은 저를 부르셨습니까? 저는 힘도 없습니다. 제가 무엇을 하겠습니까?"라고 말했습니다. 하나님께서는, "네 말이 맞다. 그러나 내가 너와 함께 한다. 가라."고 말씀하셨습니다.

그래서 모세는 나아갔습니다. 그는 하나님께서 자신에게 백성들을 노예 생활에서 이끌어내어 자유와 젖과 꿀이 흐르는 땅의 즐거움 속으로 인도하라는 요청을 하셨다고 확신하였습니다. 사람들이 하나님의 나라를 위해 뭔가 특별한 기능을 수행하라는 요청을 받았다는 것을 알게 되는 것은 위대한 일입니다. 모세는 자신이 미약하고 소심하고 주저하는 사람임에도 불구하고 하나님께서 자신을 부르셨다는 것을 알았습니다. 그래서 그는 끝까지 해낼 수 있었습니다.

그리고 모세는 **그리스도의 오심**을 확신하였습니다. '그리스도'라는 단어가 26절에 있다는 것에 주목하십시오. '그리스도의 능욕'이라 했습니다. 여러분은 이 단어가 어떻게 그리스도가 오시지도 않았는데, 120년을 살았던 모세에게 쓰일 수 있었는가 물어보실 수 있습니다. 그 대답은 성경에 아주 분명히 나와 있습니다. 우리는 아브라함이 그리스도의 날을 보았음을 이미 살펴보았습니다. 이것은 모세에게도 동일한 진리였습니다. 하나님께서는 모세에게 구원자로 오시는 하나님의 아들에 관한 계시를 주신 것입니다. 모세는 이것을 분명하게 알지는 못했습니다. 그도 멀리서 보았던 것입니다. 그러나 그는 엄연히 보았습니다. 이것이 바로 그가 말년에 백성들에게 말했던 내용이었습니다.

'네 하나님 여호와께서 너의 중 네 형제 중에서 나와 같은 선지자 하나를 너를 위하여 일으키시리니 너희는 그를 들을지니라' (신명기 18:15).

그리고 핍박 가운데 있던 스데반도 이런 내용을 인용하였습니다. 스데반은 모세가 하나님의 아들이신 그리스도의 오심에 관한 예언을 하였다고 증거 했습니다(사도행전 7:37). 모세는 자신이 훗날 오실 하나님의 아들이신 그리스도의 능욕을 받으리라는 것을 알았습니다.

그리고 모세는 **구원이 피 흘리심을 통하여 온다**는 것을 확신했습니다. 우리는 '믿음으로 유월절과 피 뿌리는 예를 정하였으니' 라는 말씀을 보았습니다(28절). 그것은 조금도 기계적인 것이 아닙니다. 그는 해야 할 일을 들은 대로 실천한 것입니다. 그렇습니다. 그러나 그는 궁극적인 의미를 알았습니다. 다시 한 번 말씀드리지만, 분명하게 보지는 못했어도 엄연히 보았습니다. 하나님께서는 항상 피를 통하여 구원하십니다. 우리가 살펴 본 대로, 아벨도 이것을 알고 있었기에 땅의 열매가 아닌 피 흘리는 희생제물을 드렸던 것입니다.

'피 흘림이 없은즉 사함이 없느니라' (히브리서 9:22).

모세는 피를 흘리는 것과 번제물과 희생 제물, 그리고 유월절과 죄를 가리는 피, 구원하는 피, 구속하는 피에 대한 세부적인 지침을 받았던 사람이었습니다! 유월절 양은 '세상 죄를 지고 가는 하나님의 어린 양' 의 예표(豫表)였습니다(요한복음 1:29). 히브리서 기자가 의도한 모든 핵심은, 모세가 행위로 의로워지려는 노력을 하지 않았다는 것에 있습니다. 모세는, "내가 선한 삶을 산다면 하나님을 기쁘시게 할 수 있을 것이다."라고 말하지 않았습니다. 아니오, 아닙니다! 그는 애매하게 믿지 않았습니다. 그리스도의 보혈이 흘려질 것이며, 자신과 다른 모든 사람들이 구원받을 수 있는 것은 오직 그리스도 안에서만 가능하다는 것을 절대적으로 확신했습니다.

물론 모세는 모든 **하나님의 백성들의 궁극적인 운명**에 대해서도 확신했습니다. '그리스도를 위하여 받는 능욕을 애굽의 모든 보화보다 더 큰 재물로 여겼으니 이는 상 주심을 바라봄이라.' 사랑하는 여러분, 그것은 바로 천국이었습니다. 하나님께서 쓰실 수 있는 사람들과 이런 큰 업적을 이룰 수 있었던 사람들은 천국을 확신합니다. 그들은 자신들이 어디를 향해 가고 있는지 아는 자들입니다. 그러므로 그들은 폭군이나 바로왕이나 세상의 모든 군대들을 두려워하지 않습니다. 그들은 '안식할 때가 하나님의 백성에게 남아 있다' 는 것을 압니다(히브리서 4:9). 그것은 지상의 가나안이 아닙니다. 비록 가나안이 안식의 땅에 포함되긴 했어도 천상의 가나안은 지상 위에 있습니다.

'이는 하나님의 경영하시고 지으실 터가 있는 성을 바랐음이니라' (히브리서 11:10).

그러나 마지막으로, 그리고 모든 것 가운데서도 가장 아름다운 것은 바로 이것입니다. 모세는 하나님을 확신했다는 것입니다. '믿음으로 애굽을 떠나 임금의 노함을 무서워 아니하고' — 왜 이렇게 했습니까? 그 비결은 무엇이었습니까? 그 답은 그가 '참았다는 것' 이었습니다. — 그는 계속 이렇게 참았습니다 — '곧 보이지 아니하는 자를 보는 것같이' 말입니다. 모세는 하나님을 알았습니다. 그는 하나님의 성품을 알았습니다. 하나님은 진리이시며, 거룩하시며, 전능하시며, 그분의 약속은 언제나 확실하다는 것을 알았던 것입니다.

'본래 하나님을 본 사람이 없으되' (요한복음 1:18).

그러나 모세는 그분을 알았습니다. 불타는 떨기나무에서 나타나신 하나님을 만났을 뿐만 아니라 그분은 그에게 말씀하셨으며, 그는 그분의 거룩한 임재 속에 가까이 나아갔었습니다.

구약성경 가운데 가장 위대한 장 중의 하나는 출애굽기 33장입니다. 그 장에서 모세는 하나님께 기도하고 간구하고 있었습니다. 하나님께서, "가라. 내가 너의 백성들을 가나안으로 인도할 천사를 보내겠다."고 말씀하셨습니다. 그러자 모세는, "아닙니다. 당신께서 저희와 함께 가시지 않으시면 가지 않겠습니다."라고 말했습니다. 하나님께서, "하지만 내가 천사도 보내고 너에게 권능도 주겠다."고 하셔도, 모세는, "아닙니다. 당신의 임재가 저와 함께 하시지 않는 한, 저희를 올려 보내지 마십시오."라고 말했습니다 ― 이 말은 우리와 함께 하시지 않으시면 우리를 보내지 마시라는 뜻입니다.

그렇게 모세는 하나님께 간구했습니다. 그는 하나님을 아는 사람이었습니다. 그는 그분의 임재 속으로 나가는 길도 알고 있었습니다. 그래서 그는 하나님에게 자신의 영광을 계시해 달라고 요구했습니다. 그것이 그의 큰 관심사였습니다. 그는 조금도 가나안으로 가고 싶어 하지 않았습니다. 그는 하나님께서 함께 하시기만을 원했습니다. 그 점이 그의 관심사였습니다. 조금이라도 땅을 소유하는 것이 아니라, 하나님께서 그들과 함께 하시고 그들 가운데 거하시고, 그들을 축복하시는 것이 그의 관심사였습니다. 그는 그렇게 '보이지 않으시는 분'을 보았습니다(히브리서 11:27).

그래서 모세가 홍해와 직면하게 되었을 때 무엇을 하였습니까? 비참한 이스라엘의 자녀들은, "우리를 이끌어 내어 이 광야에서 죽게 하느뇨."라고 말했습니다(출애굽기 14:11). 이 말은 우리를 죽이려고 여기까지 이끌고 왔느냐, 왜 우리를 데리고 나왔느냐, 왜 우리를 다시 되돌려 보내지 않느냐는 뜻이었습니다.

그러나 모세는 하나님께 부르짖었습니다(출애굽기 14:15). 그는 길이 열려있다는 것을 알고 있었습니다. 그는 하나님께서 언제라도 자신을 받아주실 것을 알고 있었습니다. 그는 '보이지 아니하는 자를 보는 것같이 하여 참았'습니다. 이것이 바로 그리스도인의 삶의 모든 비결입니다. 하나님을 안다는 것. 조금이라도 하나님에 '대하여' 아는 것이 아닌 그분을 '직접' 아는 것 말입니다.

완전한 확신

이 점이 히브리서 기자가 논증하려는 모든 것입니다. 그가 말한 대로, 이 모든 사람들은 하나님을 알았기 때문에 그들이 이룬 그런 일들을 모두 할 수 있었습니다. 그러나 그들은 옛 계시

(dispensation)에 속한 자들이었습니다. 약속들을 받지 못하고 그저 멀리서 그 약속들을 보았을 뿐입니다. 우리가 살펴 본 대로, 구약성경의 성도들이 가진 확신의 수준이 이 정도로까지 가능했다면 우리는 도대체 얼마나 더 높은 수준의 확신을 가질 수 있을까요! 히브리서 기자는 이 위대한 서신의 8장과 12장에서 이렇듯 옛 계시와 새 계시를 대조해 보고 비교해 보았던 것입니다. 모든 것을 비추어 보면서 그는 새 것의 우월성을 입증해보인 것입니다. 왜냐하면 하나님의 아들이 이미 오셨으며 십자가의 죽으심도 성취되었기 때문입니다. 그러니 우리의 입장이 얼마나 더 확실한 것이냐고 기자는 말하고 있는 것입니다.

신약성경의 성도들보다 구약성경의 성도들의 입장을 더 높은 수준으로 보지 않도록 주의하십시오. 여러분은, "하나님께서 나에게 불타는 떨기나무 속에서 보이셨다면 당연히 모세처럼 될 수 있었을 거야. 내가 모세가 받았던 그런 외적인 확신을 소유하기만 했었다면 말이지!"라고 말할 수 있습니다. 그러나 그것은 아주 잘못되고 비 성경적인 논증입니다. 신약성경에서 제시하는 것은 구약성경에서 제시하는 것보다 더 우위에 있는 것이며, 오순절에 하나님의 영이 부어진 결과로 — 이는 성령 세례입니다 — 그리스도 안에서 즐거워해야 할 확신을 무한히 높은 수준에 놓아야 합니다.

이 사람들과 그들의 위대함을 볼 때에, 그들을 사도 바울과 같은 사람 옆에 두십시오. 저는 그들이 작아 보입니다. 왜 그러냐고요? 그 이유는 사도가 갈보리의 위치에서 되돌아볼 수 있었기 때문입니다. 그는 '그리스도 안에' 있었습니다. 그는 성령의 세례를 받았습니다. 그는 디모데에게 '나의 의뢰한 자를 내가 안다.' (디모데후서 1:12)고 썼습니다. 그것은 애매하고 불확실한 믿음이 아니었습니다. 그것은 막연한 소망이 아니었습니다. 그것은 할 수 있는 한 최선을 다해 소망을 가지려는 시도도 아니었습니다. 아니오, 아니었습니다! '나의 의뢰한 자를 내가 알고 또한 나의 의탁한 것을 그 날까지 저가 능히 지키실 줄을 확신함이라.' 이에 대해서는 의심의 여지가 없다는 것입니다. 즉 '나는 안다!', '나는 확신한다!', '나는 믿는다!', '이는 내게 사는 것이 그리스도니 죽는 것도 유익하기 때문' (빌립보서 1:21)이라는 것입니다. 바울은 절대적인 확신을 가지고 있었습니다. 하나님은 '사람들을 친밀히 대하시는' 하나님이십니다.

사랑하는 여러분, 여러분에게 다음과 같은 질문을 남기겠습니다. 여러분은 보이지 않는 그분을 보는 삶을 살고 계십니까? 하나님은 여러분에게 있어 실재(實在)하시는 분이십니까? 주 예수 그리스도도 여러분에게 실재하시는 분이십니까? 신약성경의 가르침은 다음과 같습니다. 우리는 하나님을 알도록 의도된 사람들입니다. 우리는 우리가 하나님의 자녀라는 것을 알도록 의도된 사람들입니다. 우리는 하나님의 임재 속에 있는 자신을 알도록 의도되었으며, 그래서 의심이나 불확실함이나 어떤 의구심을 초월하여 하나님께 가까이 나아가도록 의도된 자들입니다. '곧 보이지 아니하는 자를 보는 것같이 하여 참는' 자들입니다. 모세는 하나님과 동행하였습니다. 그것이 바로 보는 것이었습니다.

우리에게는 완전한 확신과 완전한 지식에 대한 확신, 그리고 소망에 대한 완전한 확신보다 덜한 확신을 주는 그 어떤 입장에서 안주할 권리가 없습니다. 그리고 우리가 어떤 것과 어떤 일과 대면한다 해도, 이 영광스러운 확신을 소유하기만 하면, 우리는 모세가 그의 시대에서, 그리고 그의 세대에게 할 수 있었던 것과 같은 그런 정확히 동일한 방식으로 모든 일을 할 수 있을 것입니다. 그러므로 여러분은 보이지 않는 그분을 보게 될 때까지, 그리고 하나님이 여러분의 하나님이시며, 여러분은 그분의 자녀이며, '상 주심'을 받도록 예정되었음을 알게 될 때까지 여러분 자신을 쉬게 하지 마십시오.

부록으로 기재한 내용은 International Outreach, Inc.를 운영하시는 윌리엄 니콜스씨의 허락 하에 우리말로 옮겨 실은 것입니다. 이곳은 주로 청교도들의 저서들을 소개하고, 그들의 사상들과 교리들을 정리해 소개하는 일을 하고 있습니다.
　'지옥의 공포' 의 내용이 상당히 유익하며, 구원의 확신에 대한 관심을 더 크게 불러일으키고, 오늘날 지옥에 대한 올바른 가르침이 다시 활발히 회복되는데 도움을 줄 것이라 생각되어 부록으로 실었습니다.
　부디 부록의 내용으로 구원의 확신을 더 크게 갈망하며, 동시에 복음전도의 필요성의 중요성을 깊이 각인시키는데 도움이 되기를 바랍니다.　— 옮긴이

부록

지옥의 공포
(The Terrors of hell)

- 윌리엄 니콜스(William C. Nichols)

세상 끝에도 이러하리라 천사들이 와서 의인 중에서 악인을 갈라내어
풀무 불에 던져 넣으리니 거기서 울며 이를 갊이 있으리라
(마태복음 13:49-50)

지옥의 교리는 모든 성경의 교리들 중에서도 가장 무시 받고 있는 교리 중의 하나이다. 오늘날 지옥에 대해서 언급하면, 대개 지옥에 대한 모든 생각은 아주 고리타분한 것으로써, 순진한 사람들이나 무엇을 모르는 사람들만 실제로 지옥이 존재하는 것으로 믿을 것이라고 조롱을 받는다. 이 교리는 이해하기 어렵지 않다. 자연인들은 거룩하신 하나님을 향한 삶에 대하여 말해 주는 것을 싫어한다. 왜냐하면 그들은 죄를 사랑하고 죄와 분리되는 것을 원하지 않기 때문이다. 세속적인 마음은 지옥에 대한 생각을 반대하지 말라는 소리에 질색하는데, 그 이유는 지옥의 실체와 대면하는 것을 원하지 않기 때문이다. 사람들은 그런 난처한 문제를 오랜 시간동안 무시하면 곧 사라질 것이라고 생각하며 이 세상을 살아가는 것이다. 심지어 보수적인 종교 지도자들도 지옥의 교리를 공격하고 있는 추세이다. 그런 사람들은 내버려 둔다 하더라도, 어리석은 자들의 경솔한 반대가 지옥의 교리를 멀리 떼어놓지 못하도록 해야 할 것이다.

사람들이 지옥 자체를 없애버리려고 난리를 치는 와중에서, 성경 말씀을 진리로 믿는 사람들은 굳건히 서서 말해주어야 할 것이다. 지옥의 공포에 대한 당신의 생각은 현재, 당신의 삶 가운데서 가장 중요한 것들 중의 하나가 될 수 있다.

"나팔 소리를 듣고도 경비를 하지 아니하므로 그 임하는 칼에 제함을 당하면 그 피가 자기의 머리로 돌아갈 것이라"(에스겔 33:4).

부디 지금부터 말하고자 하는 내용을 끝까지 읽어보기를 간청하는 바이다.

왜 우리는 지옥에 관심을 가져야 하는가? 왜 우리는 지옥에 대한 것을 읽는데 시간을 들여야 하는가? 그렇게 하는 것이 합당하다는 여러 이유가 있다.

첫째, 지옥의 공포에 대해 듣는 것은 당신의 양심에 충격을 주어, 거짓된 평안에서 깨어나게 할 수 있다.

둘째, 지옥에 대해 듣는 것은 사람들이 더 이상 죄 짓는 것을 멈추도록 도울 수 있다. 경건한 사람들이나 불경건한 사람들이나 모두 지옥의 공포를 정기적으로 회상하는 것은 더 많은 죄를 짓지 못하도록 설득하는 역할을 할 것이다.

셋째, 지옥의 공포에 대해 듣는 것은, 우리들 가운데 그리스도를 믿는다고 말하고, 복음의 사실들을 받아들였지만, 실제로 구원받지도 않았고 지옥을 향해 달려가고 있는데도 이 사실을 모르고 있는 사람들이 각성되는 것을 도울 수 있다.

넷째, 지옥의 교리에 대한 설교는 경건한 자들이나 불경건한 자들에게, 지옥을 실증해 보이는데도 안성마춤이다.

왜 사람들은 지옥을 두려워하지 않을까? 오늘날에는 지옥의 실체에 대해서 실제로 두려움을 느끼지 못하고 있는 것 같다. 이 문제는 교회에 다니는 사람들이나 교회 밖에 있는 사람들 모두 마찬가지다. 사람들은 지옥을 두려워하지 않는 것이다. 왜 그런 것일까?

당신은 단지 벽에 그려진 사자는 두려워하지 않을 것이다. 왜 그런가? 그 이유는 그 사자가 단지 그림에 불과하기 때문이다.

당신은 그 사자가 실제가 아님을 안다. 그러나 당신이 정글에 홀로 남겨져서, 당신을 향해 사납게 울부짖는 사자와 실제로 마주하게 된다면 당신은 공포로 떨 것이다. 사람들의 양심은 단지 그려진 사자를 보는 사람들의 마음과 같다. 우리는 성경에서 지옥에 대한 것을 듣는다. 우리는 주 예수께서 지옥에 대해 말씀하셨다는 것도 알고 있다. 사실, 그리스도께서는 성경에서 그 어떤 사람들보다 지옥에 대하여 더 많이 말씀하셨다. 왜 사람들은 지옥이 실제라는 것을 믿지 않는 것일까? 그 이유는, 그들이 지옥에 대하여 충분히 듣지 못했기 때문이다. 우리는 성경이 지옥에 대해 말씀하는 것을 배우지 않고 있다. 우리의 믿음을 보완해주는 것만 듣지 않고, 들어 본 적이 없는 내용도 듣는다면 믿음의 체계를 세우는데 도움이 될 것이다. 오직 하나님의 영만이, 우리 앞에서 지옥이 살아 숨 쉬는 것을 보여주시는 그런 방식으로 우리의 마음속에 지옥의 공포를 보여주실 수 있는 것이다. 지옥의 교리는 하나님께서 성경의 그 어떤 교리들보다도 더 많이 죄인들을 회심시키는데 사용해 오신 것이기도 하다. 이제 앞으로의 내용을 읽어가면서, 성령께서 당신에게 지옥의 실제에 대한 것을 정립해주시도록 기도하기 바란다.

지옥의 필요성

오늘날 지옥을 비웃는 대부분의 사람들은 여러 가지 이유들 때문에 그렇게 조롱하는 것인지도 모른다. 그들의 조롱 중에서 가장 주된 것을 차지하는 것은, 자신들의 행동의 결말로 인해 양심의 괴로움을 갖게 되는 일 없이 죄를 추구하고 싶어 하는 그들의 욕망이다. 그들은 자신들의 행동이 잘못되었다는 소리를 듣기 싫어한다. 그들은 자신들의 죄가 심판을 받을 것이라는 말도 듣기 싫어한다. 나는 어떤 사람이, "자비로우시고 사랑이신 하나님이 과연 끝도 없는 지옥에서 영원한 벌을 받도록 하시겠어요? 어떻게 선하신 하나님이 사람들을 영원히 지옥에 있도록 하시겠어요?"라고 말하는 것을 들을 수 있다. 하나님의 성품과 죄의 본질에 대한 오해는 쉽게 이와 같은 질문에 이르게 한다. 왜 지옥이 필요한가? 지옥의 필요성에 대한 여러 가지 이유들을 살펴보자.

첫째, 죄 안에 있는 큰 악과 하나님의 거룩하심 때문이다. 대부분의 사람들이 지옥의 필요성을 이해하는 것에 어려움을 느끼는 것은 죄가 얼마나 끔찍한 것이고 하나님께서 얼마나 거룩하신 분이신가에 대한 불완전하고 부적절한 이해와 연관이 있다. 우리는 큰 악이 가장 작은 죄에도 있다는 것을 알지 못하며, 하나님의 거룩과 정의와 진노도 알지 못하고 있는 것이다. 만일 우리가 죄라는 것이 이 세상에서 가장 큰 악이고, 모든 죄는 우리를 향한 하나님의 뜻을 거부하는 것이며 그분의 얼굴 앞에서 우리의 주먹을 흔드는 것이고, 그분을 향해 오물을 던지는 것이라는 사실을 깨닫게 된다면, 우리의 가장 작은 죄도 과연 하나님에 대하여 그러하다는 것을 알게 될 것이다. 매 시간 우리는 죄를 지으면서 우리 마음속에 하나님과 경쟁하는 신으로서 우리 자신을 세우거나 자신의 정욕을 마치 애완동물처럼 추켜세우는 것이다. 죄는 창조주이신 하나님을 대적하는 것이며, 그분을 마땅히 모셔야 할 공간에 피조물을 모시는 것과 같다.

우리가 하나님의 거룩을 이해할 수만 있다면, 그리고 거룩, 순수, 온전함, 올곧음, 가장 작은 죄에도 더럽혀지지 않는 것이 무엇을 의미하는지 이해할 수만 있다면, 왜 하나님께서 죄를 그토록 싫어하시는가에 대해 보다 나은 생각을 할 수 있을 것이다. 절대적인 거룩은 작은 죄도 견디어 낼 수 없는 것이다.

"주께서는 눈이 정결하시므로 악을 참아 보지 못하시며"(하박국 17:9).

우리가 그 영광스러운 거룩과 하나님의 정결하심과 더불어 죄의 그 혐오스러움을 이해할 수만 있다면, 우리는 지옥의 절대적인 필요성을 이해하는 데 아무 문제가 없게 될 것이다.

"만물보다 거짓되고 심히 부패한 것은 마음이라 누가 능히 이를 알리요마는"(예레미야 17:9).

인간의 마음은 병들었다. 인간의 마음은 악하다. 인간의 마음은 거짓되다. 마음의 부패는 우리로 하여금 죄의 그 끔찍함뿐만 아니라 다른 많은 것들에 대해서 속게 만드는 요인인 것이다.

둘째, 하나님의 무한하신 본질 때문에 그렇다. 우리의 죄가 실로 이와 같다는 것을 이해하면서, 우리는 하나님의 시각으로 죄를 보아야만 한다. 하나님은 무한하시며, 영원하신 분이시다. 온갖 형태의 죄는 무한하시며 거룩하신 하나님을 거슬러 행해지는 것이다. 온갖 죄를 지으면서 우리는 하나님을 끌어내리며, 하나님보다 우리 자신을 세우게 되는 것이다. 모든 죄 가운데서 다음과 같은 질문이 쟁점이 된다. "하나님의 의지와 인간의 의지 중에 과연 누구의 의지가 이루어질 것인가? 사람이 자신의 의지를 하나님의 의지보다 세우는 죄를 범하게 되면, 하나님은 오물처럼 그의 발밑으로 떨어지게 된다."[1] 단일한 죄도 거룩하신 하나님을 거슬러 저질러지는 것이므로, 무한하신 하나님께서 무한한 벌을 내리시는 것은 마땅한 것이다. 죄는 단 한 번이라 해도 무한하신 하나님을 대적하는 것이기 때문에 무한한 악이 된다.

셋째, 신성하신 정의 때문에 그렇다. 심지어 하나님을 거스르는 하나의 죄도 하나님으로 하여금 당신의 이름이 결백하시다는 것을 요구하게 하며, 징벌을 받아 마땅한 죄를 충분히 징벌하심으로써 하나님의 정의가 이루어지는 것을 요구하게 한다. 그분은 로마서 12장 19절에서 그렇게 하시겠다고 약속하셨다.

"내 사랑하는 자들아 너희가 친히 원수를 갚지 말고 진노하심에 맡기라 기록되었으되 원수 갚는 것이 내게 있으니 내가 갚으리라고 주께서 말씀하시니라"

과거에 살았던 가장 위대한 설교자 가운데 한 사람인 조나단 에드워즈(Jonathan Edwards, 18세기의 미국 청교도 - 옮긴이)는, "하나님의 영광은 최고의 선이며, 이는 창조의 주요 목적이다. 그 어떤 것보다 중요한 것이다. 그러나 하나님께서 친히 영광을 받으실 한 가지 길이 있는데, 그것은 바로 불경건한 자들의 영원한 멸망 속에서 그분의 정의가 영광을 받으실 것이라는 것이다. 그 가운데서 그분은 과연 세상의 의로운 통치자로서 나타나실 것이다. 원수를 갚아주시는 하나님의 정의는 엄하게, 정확하게, 끔찍하게, 무시무시하게, 그리고 영광스럽게 나타날 것이다."[2] 라고 말했다.

지옥에 대한 묘사

지옥은 꺼지지 않는 불이 있는 용광로, 영원한 형벌의 장소이며, 지옥에 가게 되는 사람들이 그들의 죄악된 본성과 그들이 실제로 저지른 죄들과 과거에 들었지만 스스로 멀리했던 영적인 빛의 정도에 따라서 몸과 마음이 고통 받게 되는 곳이다. 지옥은 하나님의 자비와 선하심으로부터는 멀어지고, 하나님의 진노가 공포스럽고, 파괴하는 불로써 드러나는 곳이며, 미처 채우지 못한 정욕과 욕망을 따라 살던 사람들이 영원토록 고통 받는 곳이다.

마태복음 13장 47-50절에서 주님은 심판과 연관된 비유를 말씀하셨다. 49-50절에서 주님께서는 악한 자들의 운명을 다음과 같이 묘사하신다.

"세상 끝에도 이러하리라 천사들이 와서 의인 중에서 악인을 갈라내어 풀무 불에 던져 넣으리니 거기서 울며 이를 갊이 있으리라"

주 예수님의 이 말씀들을 살펴보면서 우리는 첫째로 지옥은 불이 있는 용광로로 묘사되었음을 알아야 한다. 느부갓네살의 풀무 불은 일반적인 것보다 일곱 배는 뜨거웠다. 그래서 "극렬히 타는 풀무"(다니엘서 3:23)라고 묘사하였다. 세례 요한은, "꺼지지 않는 불"이라고 말했고, 요한계시록은 지옥을 "유황불 붙는 못(연못)"이라고 묘사하였다(요한계시록 19:20). 당신은 정말 이렇게 묘사한 공포를 상상할 수나 있겠는가? 당신의 몸이 일시에 불꽃에 휩싸였다고 상상해보라. 그래서 당신을 구성하고 있는 몸의 모든 세포가 불타면서 느끼게 되는 그 극한 고통을 상상해보라. 당신은 그러한 심판을 얼마동안 견디어낼 수 있다고 보는가? 그리스도는 우리에게, "울며 이를 갈이 있을" 것이라고 말씀하셨다. 잃어버린 자들은 그들을 태우려는 화염에 휩싸인 채로, 그리고 끊임없이 자신의 모든 몸이 타는 것을 항상 느끼면서 이에 수반되는 가장 극한의 아픔과 고통을 견디는 과정에서 나올 수밖에 없는 울부짖음과 고통으로 이를 갈게 되는 것이다. 그리고 잠시도 쉬는 일은 없게 될 것이다.

조나단 에드워즈는 이 같은 지옥의 화염들을 다음과 같이, 마치 그림을 보는듯한 언어로 묘사하였다. "여러분 가운데 어떤 분들은 불길에 휩싸인 건물을 보신 적이 있을 것입니다. 마찬가지로 여러분이 그 거대하고 맹렬한 불의 한복판에 있으면서 불에 대항하고자 불쌍한 손을 휘저어대는 자신의 모습을 상상해 보십시오. 여러분은 간혹 거미나 그 밖에 다른 불쾌감을 주는 곤충을 활활 타는 불속에 집어던지는 것을 보셨을 것입니다. 그리고 그 벌레가 얼마나 빨리 불의 위력에 굴복하는지도 지켜보셨을 것입니다. 길게 발버둥치는 모습도 없습니다. 불에 저항하며 이리저리 몸을 뒤트는 모습도 없으며, 그 열기를 막아보고자 힘 한 번 써보지도 못합니다. 그런가하면 불속에서 날아오르지도 못합니다. 오직 그 불은 즉시 그것들을 휘감아 굴복시킵니다. 그리고 불꽃이 벌레에 손을 뻗치자마자, 그 즉시 곤충은 불과 하나가 되어버립니다. 그리스도에게 회개하지도 않고 그리스도를 향해 도망치지 않는 사람들, 누구도 아닌 바로 여러분이 이와 같은 지옥에 있게 될 것이라고 조금이라도 상상해보십시오. 자신이 그 지옥의 고통들을 견디어 낼 수 있을 뿐만 아니라, 그렇게 할 수 있다고 자기 스스로에게 용기를 북돋는 자들은 이글거리는 용광로 속에 방금 막 던져진 한 마리 벌레와도 같습니다. 그런 사람은 자신을 추켜세우며 기운을 북돋겠지만, 그 화염들을 저항하는 준비도 해둬야 할 것입니다."[3]

지옥은 또한 어둠의 장소로도 묘사되었다. 주님께서는 우리에게 결혼 예복이 없어 "바깥 어둠 속으로" 쫓겨난 하객에 대하여 말씀하셨다(마태복음 22:13). 유다는 지옥에 있게 될 사람들을 말하면서 지옥을 "영원히 예비된 캄캄한 흑암"이라고 썼다(유다서 13절).

크리스토퍼 러브(Christopher Love, 17세기의 영국 청교도 — 옮긴이)는 자신의 저서에서 지옥의 공포가 다음과 같다고 말한다. "그러므로 지옥은 무시무시한 표현으로 출발한다. 그것은 사람들의 심령을 몸서리치게 만드는 것이다. 그것은 어둠이요,

어둠 중에서도 칠흑과 같은 어둠, 바로 그것이다."[4)]

지옥은 이사야 30장 33절에서 도벳(Tophet)과 비교된다. 도벳은 우상 숭배하던 유대인들이 자신들의 자녀들을 이방신 몰렉(Molech)에 희생 제물로 바치던 곳인데, 자녀들을 불속에 던지면서 제사를 드렸다.

낮이건 밤이건 날카로운 비명소리와 울부짖는 소리가 그 장소에서 들려왔다. 마찬가지로 지옥에서도 낮이건 밤이건 날카로운 비명소리와 울부짖는 소리가 들릴 것이다.

이사야는 타오르는 지옥을 세우고 있는 "용암의 불줄기와 같은 주님의 호흡"에 대해 말한다. 성경에는 하나님께서 친히 지옥의 불이 되실 것이라는 좋은 증거가 있다. 히브리서 12장 29절은, "우리 하나님은 소멸하는 불이심이니라"고 말씀한다. 지상의 불경건한 자들은 무지하게도 목사들이 하나님의 사랑과 자비에 대하여 말할 때는 춤추며 기뻐하지만, 그들이 회개하지 않는 한, 그런 내용이 그들에게 조금도 유익한 것이 되지 못할 것이다. 그들에게 하나님은 소멸하는 불이 되실 것이다. 히브리서 10장 30-31절은 다음과 같이 경고한다.

"원수 갚는 것이 내게 있으니 내가 갚으리라 하시고 또 다시 주께서 그의 백성을 심판하리라 말씀하신 것을 우리가 아노니 살아 계신 하나님의 손에 빠져 들어가는 것이 무서울 진저."

살아계신 하나님의 수중에 떨어진다는 것은 두렵고 무서운 일이다! 당신은 죄인으로서 지옥을 피할 수 없을 것이다. 하나님께서 당신의 지옥이 되실 것이며 그분의 진노가 당신을 태우며 그분이 살아계시는 한 당신 위에 그 진노를 쏟아 부으실 것이기 때문이다.

"누가 주의 노의 능력을 알며 누가 주를 두려워하여야 할대로 주의 진노를 알리이까"(시편 90:11).

하나님께서 친히 지옥의 불이 되시기 때문에 이 말씀은 지옥에 있는 저주받은 이들에게 공포의 표현이 아닐 수 없다.

"목사들이 실제로 존재하는 모습보다 과장해서 이 문제를 다루는 것이라고 의심할 필요는 없다. 또한 그렇게까지 무섭고 떨리는 곳도 아닌데 마치 그런 것처럼 말하는 것이라고 추측해 볼 이유도 없다. 목사들은 단지 저 너머에 존재하는 이곳을 필사적으로 묘사한 것뿐이다… 오히려 최선을 다해 말해준 것과 이미 말해준 모든 내용이나 개념이 언제나 실제하고 있는 것의 희미한 그림자는 아니었을까 추측해볼 수 있는 이유를 가져야 마땅하다."[5]

누가복음 16장 19-26절에서 그리스도께서는 우리에게 두 사람에 대하여 말씀하신다. 그 중 한사람은 부자였고(그는 전통적으로 부자(Dives)로 불려왔다), 나머지 한 사람은 가난한 사람이었다(이 사람의 이름은 나사로이다). 이 두 사람이 모두 죽게 되었다. 가난한 사람은 천사가 천국으로 데려다 주었고, 부자는 지옥에 가게 되었다. 이 부자는 그가 부자였다는 이유만으로 지옥에 간 것이 아니다. 가난한 자도 단순히 그가 가난했기 때문에 천국에 가게 된 것이 아니다. 주님께서는 우리에게 이러한 대조를 통해서 영원한 시간으로 가게 되었을 때 상황이 확연히 뒤바뀔 수 있다는 사실을 시사해주고 계신다. 우리는 하나님께서 이생에서 우리를 엄하게 다루시지 않으실 것이라는 생각 때문에 어리석은 자들이 되어서는 안 될 것이다. 그분은 우리가 죽은 뒤에도 그렇게 다루시지 않을 것이기 때문이다. 이 두 사람 각자가 거주하게 된 영원한 장소는, 그들이 지상에서 살았을 때 하나님 앞에서 보여진 그들의 심령상태의 결과로 그런 장소에 있게 된 것이다. 나사로는 하나님을 진실하게 따른 자였다. 부자는 그렇지 않았다. 우리는 성경이 부자와 그의 상태에 대하여 말씀하시는 것에 주의를 기울여야 한다. 이 사람의 상태에서 우리는 지옥에 대한 것을 많이 배울 수 있기 때문이다. 23-24절이 우리에게 알려주는 것은, 부자가 "고통 중에"(우리의 성경에는 '고민하나이다' 로 표현되었음 — 옮긴이) 있었다는 사실이다. "고통 중에"라는 말씀은 무슨 뜻인가? 이 고통은 몸의 고통과 영혼의 고통 모두를 언급하고 있는 말이다. 우리가 살펴본 것처럼, 사람들의 몸은 불타는 용광로와 같은 곳에서 고통을 받게 된다. 모든 몸이 불로 인한 고통을 느끼게 되는 것이다. 심한 위장병을 앓는 사람은 홀로 극심한 고통으로 괴로워할 수 있다. 그러나 그 고통은 앞으로 더 커질 수 있다. 암으로 인한 죽음은 때때로 가장 극한의 고통을 야기한다고 한다. 하지만 지옥의 고통에 비할 바가 아니다. 당신의 몸이 많은 어려움으로 괴로움을 겪고 있으며, 동시에 고통스러운 질병까지 겹쳐 괴로워한다 해도, 이런 고통들은 저주받은 자들이 지옥에서 고통당하는 것에 비하면 아직 시작도 하지 않은 것이다.

사람들의 양심 또한 지옥에서 고통으로 괴로워할 것이다. 양심은 성경에서 말씀하고 있는 것처럼 죽지 않는 벌레인 것이다 (마가복음 9:48, 이사야 66:24). 부자는 자신이 "살아있을 때를 기억나게 하는" 말씀을 들었다. 사람들은 극한의 고통으로 괴로워하게 될 것이다. 그러나 그들은 또한 자신의 기억으로 인해서 고통하게 될 것이다. 그들은 지옥에 대해 들었지만 오히려 그것을 조롱했던 것을 기억하게 될 것이다. 자신들이 경고를 받았던 때가 기억날 것이고, 회개하라는 소리를 들었던 때나 그리스도에게 복종하는 것 없이 천국의 축복만 인정하는 것으로는 구원에 못 미친다는 말씀을 들었지만 그러한 경고에 별 주의를 하지 않았던 때가 기억날 것이다. 그들은 저 멀리 아득하게 빛나는 천국의 영광을 보면서(부자가 그러했던 것처럼) 고통 속에 있게 될 것이다. 또한 영원한 모든 것이 그들에게는 영원한 저주가 되었음을 깨달으면서 고통하게 될 것이다. 그들은 또한 채워지지 않은 욕망과 정욕으로 인해(부자는 심지어 그의 혀를 서늘하게 해줄 물 한방울도 받을 수 없었다) 괴로워하게 될 것이다. 그들은 또한 자신들이 결코 지옥을 벗어날 수 없다는 지식으로 인해(부자는 "천국이 있는 곳으로 건너올 수 없다"는 말씀을 들었다) 괴로워할 것이다. 그들은 울부짖음으로, 날카로운 비명소리로, 그들 주위에 있는 저주받은 자들이 저주하는 소리 때문에 고통하게 될 것이다. 사람이 지상에서 겪을 수 있는 가장 극한의 고통도 지옥의 고통에 비하면 마치 벼룩이 무는 것과 같은 하찮은 것이 될 것이다.

조나단 에드워즈는 '사악한 자들이 미래에 받게 될 심판'이라는 설교에서 다음과 같이 지옥에 있는 사람들은 한순간도 쉴 만한 순간을 찾지 못할 것이라고 말했다. "그들은 지옥에서 한 순간이라도 쉬게 해줄 만한 것은 아무 것도 없다는 것을 알게 될 것입니다. 그들은 그곳에서 어떤 휴식처도 발견하지 못할 것입니다. 쉬는 것은 고사하고 서늘하게 해줄 그 어떤 곳도 찾을 수 없을 것이며, 잠시라도 고통을 멈출 수 있는 곳도, 그들의 극한의 고통을 조금이라도 감소시켜줄만한 것도 찾을 수 없을 것입니다. 그들은 고통의 세계인 그곳에서 어디를 둘러보아도 서늘한 시내나 근원을 찾을 수 없다는 것을 알게 될 것입니다. 그렇습니다. 자신의 혀를 서늘하게 해줄 물 한방울도 찾을 수 없을 것입니다. 그들은 자신들을 조금이나마 위로해 줄 동반자나 자신에게 가장 작은 선을 베풀어 줄 수 있는 동료도 찾아볼 수 없을 것입니다. 왜냐하면 불과 유황 속에서 서로 고통을 받게 될 것이기 때문입니다. 그들에게는 낮이고 밤이고, 영원히, 영원토록 쉬는 날이 없을 것입니다."[6]

지옥의 영원성

이 모든 공포 중에서도 가장 무서운 것은 지옥에서 보내는 시간 또는 지옥에서 버텨야 하는 지속시간이다. 지옥은 영원한 곳이다. 지옥은 영원히 지속될 것이다. 당신은 영원이란 것이 무엇을 말하는 것인지 감을 잡을 수 있는가? 영원은 무슨 수학의 방정식이나 공식으로 설명될 수 있는 개념이 아니다. 당신의 머리로서는 영원이라는 개념을 헤아릴 수 없을 것이다. 그러나 이것은 조금도 허구가 아니다. 지옥의 이 영원이라는 측면만이 사람들로 하여금 회개하도록 부르짖게 만드는 요인이 될 수 있는 것이다. 모든 세대들의 회의론자들이 지옥의 영원한 속성을 무슨 사악한 자들이 점차 사라져 없어져가는 그런 장소에 대한 교리, 즉 영혼멸절설(annihilationism)로 대체시켜가면서 공격해왔다는 것은 놀랄 일도 아니다. 성경에서 지옥의 영원한 속성을 확증하고 있는 곳을 살펴보자. 그래서 영원을 더 잘 이해하도록 하자. 그리고 나서 왜 지옥이 영원해야 하는지에 대해서도 살펴볼 것이다.

"또 저희를 미혹하는 마귀가 불과 유황 못에 던지우니 거기는 그 짐승과 거짓 선지자도 있어 세세토록 밤낮 괴로움을 받으리라"(요한계시록 20:10).

이 구절은 우리에게 지옥의 존속기간을 말해주고 있다. 지옥은 세세토록 있는 장소이다. 과연 이보다 더 강력하고 확실한 표현이 있겠는가? 하나님의 성령께서 사람들에게 지옥의 영원한 속성을 전해주시고자 할 때, "세세토록"이라는 말보다 더 좋은 전달 표현이 과연 있을까? 성경에서 "세세토록"이라는 표현보다 영원성을 더 잘 말씀해주고 있는 표현은 없다. 왜냐하면 이 표현은 요한계시록 4장 9절에서 하나님께서 영원히 살아계신다는 것을 설명할 때 사용되었던 바로 그 표현이기 때문이다.

"그 생물들이 영광과 존귀와 감사를 보좌에 앉으사 세세토록 사시는 이에게 돌릴 때에" 하나님께서 세세토록 계실 것이라는 것을 누가 과연 의심할 수 있겠는가? 하나님과 지옥을 설명할 때 같은 표현이 사용되었다면 어떻게 지옥이 영원하지 않은 장소는 아닐까 하는 의심을 품을 수 있겠는가?

"지옥을 조금이라도 그려볼 수 있습니다. 그러나 여러분이 개념을 파악하도록 도와드린다면, 불타는 오븐이나 거대한 용광로에 여러분이 던져졌다고 상상해보시기 바랍니다. 그곳에서 여러분은 그저 우연히 불이나 아주 뜨거운 김에 잠깐 덴 것을 훨씬 더 초월하는 고통을 체험하게 될 것입니다. 또한 여러분의 몸이 온통 불바다인 그런 곳에 30분 동안 있으면서 모든 것이 타들어가는 느낌을 한 번 상상해보십시오. 그런 용광로의 입구에서 느낄 법한 공포는 얼마나 끔찍합니까! 여러분에게 30분이라는 그 시간은 얼마나 긴 시간이 될까요! 여러분이 1분만 버텨도 도저히 견딜 수 없어 미칠 것만 같은데, 1분을 버티고 나서 또다시 14분을 버티어 내야 한다고 생각해보십시오! 그렇게 버티고 나서 다시 하루 24시간… 그러다가 1년… 그러다가 수천 년을! 오, 여러분이 버텨야 할 시간을 미리 알게 된다면, 그런데 그 시간이 바로 영원이라면 여러분의 마음은 얼마나 녹아내리는 것 같을까요! 끝이 없다는 것입니다! 수 백 년 후에도 여러분의 고통은 조금도 끝날 기미가 보이지 않습니다. 결코, 두 번 다시 건짐을 받을 수 없습니다. 그러나 지옥에서 겪게 될 여러분의 고통은 지금 예를 들며 설명해 보이는 것보다 비교도 안 될 정도로 엄청난 고통이 될 것입니다."[7]

그리스도께서는 심판의 그 위대한 날을 묘사하시면서 다음과 같은 말씀을 통해 죄인들과 의로운 자들의 분리에 대하여 말씀하셨다.

"저희는 영벌에, 의인들은 영생에 들어가리라 하시니라"(마태복음 25:46).

천국이 영원한 곳이라는 것을 부인해 볼 사람이 있겠는가? 천국에서의 축복된 삶이 어느 날에 끝날 수 있을까? 물론 아니다. 그러나 동일한 헬라어가 이 구절에서 의로운 자들의 영원한 삶과 악한 자들의 영원한 심판을 설명하는데 사용되었다. 지옥은 천국이 그러한 것처럼 영원토록 지속될 것이다.

지옥에서, 사람들에 따라 받는 고통의 차이가 있을 것이라고 가르치는 성경구절이 많이 있다. 누가복음 12장 47-48절은 이렇게 말씀한다.

"주인의 뜻을 알고도 예비치 아니하고 그 뜻대로 행치 아니한 종은 많이 맞을 것이요 알지 못하고 맞을 일을 행한 종은 적게 맞으리라 무릇 많이 받은 자에게는 많이 찾을 것이요 많이 맡은 자에게는 많이 달라 할 것이니라"

그리스도께서는 마태복음 11장 24절에서, "내가 너희에게 이르노니 심판 날에 소돔 땅이 너보다 견디기 쉬우리라 하시니라"고 말씀하신다. 마태복음의 이 말씀은 가버나움 사람들이 소돔에 살았던 사람들보다 심판 날에 더 큰 심판을 받을 것임을 가리키고 있다. 위의 누가복음의 말씀은 빛을 받은 정도에 기초

하여 심판에도 차이가 있다는 것을 말씀해주고 있다. 즉 어떤 사람들은 더 많이 맞을 것이요, 다른 사람들은 그보다는 적게 맞을 것이라는 말씀 말이다.

다른 사람들보다 더 큰 죄를 저지른 자들이 있는가 하면, 지옥에서 더 큰 벌을 받을 정도로 죄를 저지른 자들도 있는 것이다(요한복음 19:11). 기독교인임을 고백하지만 참된 그리스도인이 아닌 종교적인 외식자들은 다른 사람들보다 더 막중한 심판을 받을 것이다(마태복음 23:14-15). 주님께서 가룟 유다에게 이렇게 말씀하셨다.

"그 사람은 차라리 나지 아니 하였더면 제게 좋을 뻔 하였느니라."

만일 사람이 죽고 나서 시간이 흐른 후 완전히 멸절되어 없어지는 것이 사실이라면 어떻게 이런 말씀을 하실 수 있었겠는가? 심판의 차이는 감각적으로 느낄 수 있는 능력에 비추어 볼 때 더 고통스러운 느낌으로 만든다. 만일 종국에 이르러 사람을 기다리고 있는 것이 그 사람의 궁극적인 소멸이라고 한다면, 예수께서 유다에게 태어나지 않는 것이 좋았을 것이라는 말씀을 하실 수 있었겠는가? 영혼이 멸절된다는 것은 전혀 심판이 아니다.

불신자가 매 시간 죄를 저지를 때마다 더 큰 지옥의 고통이 추가된다. 비슷한 죄를 놓고 다른 사람들보다 두 배나 저지른 자들은 두 배의 심판을 받을 것이다. 매일 회개하지 않고 이 세상에서 살아가고 호흡하는 죄인들에게 지옥의 고통이 계속 추가

되는 것이다. 로마서 2장 5절은 우리에게, "다만 네 고집과 회개치 아니한 마음을 따라 진노의 날 곧 하나님의 의로우신 판단이 나타나는 그 날에 임할 진노를 네게 쌓는도다"라고 말씀하고 있다. 주 예수께서는 의로운 자에게 지상에서보다는 오히려 하늘에 보물을 쌓았다고 격려하셨다. 죄인들은 매일 매일 죄를 지속적으로 지으면서 장차 임할 진노와 지옥의 고통을 계속 쌓고 있다. 그들은 날마다 심판을 더 가중시키고 있는 것이다. 지옥에서 사람들은 차라리 자신이 태어나지 않았기를 바랄 것이다.

스펄젼(Charles Haddon Spurgeon, 19세기의 영국 설교자 — 옮긴이)은 다음과 같이 말했다. "그들에게는 심지어 죽어가는 소망조차 없습니다 — 소망이란 것 자체가 사라져버렸기 때문입니다. 그들은 영원히 — 영원하게 — 영원토록 잃어버린 자들이 된 것입니다! 지옥에 있는 모든 사슬마다 그 위에 '영원히' 란 말이 쓰여져 있습니다. 불타는 그곳에서, 불이 넘실거릴 때마다 '영원히' 라는 말을 번쩍거리며 내뱉을 것입니다. 고개를 들면, 그들의 머리 위로 '영원히' 라는 단어가 있음을 볼 수 있을 것입니다. '영원히' 라는 말과 함께 그들의 눈은 퇴색될 것이며, 그들의 마음은 비탄 속에 잠기게 될 것입니다. 오, 오늘밤, 제가 여러분에게 지옥은 어느 날 그 불이 꺼질 것이며, 잃어버린 자들이 마침내 구원을 받을 것이라고 말할 수만 있다면 지금 당장 지옥에서는 축하 파티가 벌어질 것입니다. 그러나 결코 그렇게 될 수 없습니다. '영원히' 라고 했기 때문입니다. 그들은 저 바깥 어둠에 던져진 것입니다. '영원히.' "[8]

크리스토퍼 러브는 우리가 영원이라는 의미를 파악하는데 도움을 주려고 예화를 사용하였다. "세상의 모든 산들이 모래 산이라고 가정해봅시다. 그리고 어느 순간부터 모든 산들이 천국에 다다를 때까지 계속 합쳐진다고 가정해봅시다. 그리고 작은 새 한 마리가 이 산에 수천 년 동안 모래 한줌을 한 번씩 날라줘야 한다고 가정해봅시다. 모래가 모두 바닥나고 더 이상 없게 되기까지는 헤아릴 수 없는 시간이 소요될 것입니다. 그래도 결국 언젠가는 끝이 보이겠지요. 지옥의 시간이 이보다 더 길지 않다면 사람들은 행복해 할 것입니다. 그러나 지옥에 있는 사람의 비참함은, 수백 년을 보낸다 해도 그에게 도무지 소망이 보이지 않는다는 것입니다. 그는 처음에 그곳에 들어가게 된 그 상태로 여전히 있게 되는 것입니다. 그의 고통은 끝도 없이 영원토록 계속 될 것입니다. 왜냐하면 그들을 정죄하신 하나님께서 영원하시기 때문입니다."[9]

시작 부분에서 우리는 지옥의 필요성과 왜 지옥과 같은 장소가 있는 것인지 살펴보았다. 이제 우리는 왜 지옥이 존재해야만 하는지, 그리고 왜 영원히 존재해야 하는지 살펴보겠다. 지옥이 영원히 있을 필요가 있을까? 우리가 짧게 살펴보려는 이 물음들에 대한 여러 대답들이 있다.

우리가 알아보려는 첫 번째 이유는, 방금 인용한 크리스토퍼 러브의 말에 있다. 사람들을 정죄하신 하나님께서 영원하신 하나님이시기 때문이다. "궁극적으로 지옥의 영원성은 하나님의 성품에 기초한 것이다."[10] 하나님의 말씀은 영원한가? 하나님의 성품도 영원하신가? 성경은 우리에게 다음과 같이 말씀하고 있다.

"예수 그리스도는 어제나 오늘이나 영원토록 동일하시니라" (히브리서 13:8).

"그 행사가 존귀하고 엄위하며 그 의가 영원히 있도다"(시편 111:3).

"오직 주의 말씀은 세세토록 있도다"(베드로전서 1:25).

하나님의 말씀이 영원하고, 하나님의 의가 영원하며, 하나님께서 영원하신 분이시라면 왜 그분의 진노도 영원하지 않겠는가? 영원히 존재하시는 것처럼 하나님의 모든 성품은 영원하시며 불변하시다. 그러므로 하나님의 진노의 표현인 지옥도 영원할 수밖에 없는 것이다.

지옥이 영원해야 하는 이유는, 하나님의 정의는, 얼마동안 심판이 지속되어야 하는 것도 없이 죄인들을 심판하시는 것으로는 만족될 수 없기 때문이다. 예수께서는 법관 앞에 출두하게 되기 전, 고소자와 함께 있는 것에 대한 비유를 말씀하시면서 이 점을 분명히 언급하셨다. 일단 감옥에 가게 되면, "호리라도 남김이 없이 갚지 아니하여서는 결단코 저기서 나오지 못하리라"고 하셨다(누가복음 12:59). 사람은 자신의 죄를 갚기 위하여 아무 것도 할 수가 없다. 지옥에서 심판의 크기와 상관없이, 심판의 시간과 상관없이 죄를 갚을 수는 없다. 그것은 불가능하다. 그러므로 지옥은 영원히 있어야 한다.

세 번째로, 지옥이 영원한 이유는, 성경이 우리에게 지옥에 있는 사람들의 양심을 갉아먹는 벌레는 결코 죽지 않는다고 말씀하셨기 때문이다.

"그 벌레가 죽지 아니하며 그 불이 꺼지지 아니하여 모든 혈육에게 가증함이 되리라" (이사야 66:24).

벌레가 결코 죽지 않는다면, 벌레로 고통 받는 자들도 결코 죽지 않는 것이다.

마지막으로, 지옥이 영원히 있어야 할 이유는, 인간이 지옥에서도 죄를 계속 범하기 때문이다. 그들은 그곳에서도 자신들의 죄를 증가시키고 합친다. 지옥은 고통 받는 사람들이 하나님과 자신을 저주하는 곳이다. 지옥에서 그들은 자신을 에워싼 사람들의 틈바구니 속에서 신성모독의 말을 해가며 비명을 지르고 울부짖게 된다. 이들 악한 죄인들은 또 다른 사람을 고소하고 모독하며 저주하면서 자신들의 고통을 증대시킬 것이다. 지옥에서도 이들이 회개하지 않는 이유는, 이들의 성품이 변화되지 않았기 때문이다. 그들은 그렇게 죄인으로 남게 될 것이다. 사람들은 영원토록 죄를 범할 것이다. 그러므로 하나님은 그들을 영원히 벌하시는 것이다.

신자들과 불신자들에 대한 적용

구약성경의 선지자들은 거듭 거듭 지옥의 위험에 대하여 경고했었다.

"누가 삼키는 불과 함께 거하겠으며 우리 중에 누가 영영히 타는 것과 함께 거하리요"(이사야 33:14).

"누가 능히 그 분노하신 앞에 서며 누가 능히 그 진노를 감당하랴 그 진노를 불처럼 쏟으시니"(나훔 1:6).

죄인들이여, 그대는 너무나 거만하지 않은가? 마치 그대에게 완전하게 부어지는 하나님의 진노를 능히 견딜 수 있을 것으로 생각하니 말이다. 그대는 지옥이 그렇게 뜨거운 곳이 아니며, 충분히 견딜 수 있을 것으로 생각할지 모르겠다. 그대가 바보보다 더 어리석다면 말이다. 지옥의 공포는 마귀도 두려워 떨게 만드는데, 그대는 그런 말을 듣고도 전혀 동요하지 않으니 정말 바보는 아닌가?

단순히 교회에 다니거나 하나님을 믿는다는 이유로, 또는 기독교의 진리들을 지성적으로 믿는다는 이유로 지옥을 피할 수 있다고 생각하지 말라. 매주일 교회에 참석하고 있는 다수의 사람들과 세상의 많은 사람들이 지옥에 가게 될지 모른다. 목사요, 하버드 대학의 설립자인 토마스 쉐퍼드(Thomas Shepard, 17세기의 미국 청교도 목사 ― 옮긴이)는 이렇게 썼다. "형식적인 신앙고백자들과 세속적인 복음 전파자들도 믿음 비슷한 것을 가질 수 있다. 슬퍼할 수도 있고, 참된 회개 같은 것도 할 수 있고, 선한 욕구들과 같은 것들을 품을 수 있다. 그러나 그들이 가진 모든 것은 그저 그림에 불과하다. 그들은 다른 사람들을 속이고, 자기 자신도 속인 것이다. 교회에 참석하는 그들 중 대부분이 멸망에 이를 것이다."[11]

그리스도인이라고 고백하는 당신, 그러나 성경도 많이 읽지도 않고, 기도도 거의 안 하는 당신. 당신은 지옥의 저주를 어떻게 피할 것인가? 그렇게 특별한 죄를 지은 것도 아니라고 말하고, 자신의 공허하고 더러운 생각으로 괴로워하지도 않는 당신. 당신은 지옥에 갈 준비가 되었는가? 하나님의 나라가 그리스도에 대한 신앙을 입술로 고백하는 자와 예수께서 나의 죄를 위해 죽으셨다는 것에 대하여 지적으로 믿고 있는 자에게도 허락될 것이라고 생각하며, 거룩한 삶과 경건한 삶에는 관심도 없고, 한 주간을 지내면서 하나님에 대한 생각은 조금만 하거나 아예 하지도 않는 당신. 당신은 낮이건 밤이건 영원토록 계속 될 지옥의 고통을 견디어 낼 준비가 되었는가? 당신이 이런 것들이 바로 나의 실체를 말하는 것이라고 생각한다면, 당신은 다른 사람들보다는 조금은 낫다고 할 수 있다. 그러나 회개하지 않으면 당신도 예외 없이 앞장서서 지옥으로 바로 들어가게 될 것이다. 스스로를 속이지 말라! 기독교는 말에 있거나 종교적인 진술을 하는 것에 있거나 아주 적게라도 지적으로 동의하는 것에 있지 않다. 기독교는 죄를 범하지 않으며 하나님의 영광을 위해 살려고 하는 새로운 마음, 새로운 삶에 있는 것이다. 당신의 마음과 삶이 하나님에 의해 변화되지 못했다면, 당신은 여전히 죄인으로 있는 것이다. 당신이 하나님의 말씀에 불순종하는 삶을 사는 것으로 알려져 있고, 말씀에 순종하는 것에도 관심이 없다면, 당신에게 자신이 천국에 갈 것이라는 추측을 할 권리는 없는 것이다. 당신은 현재 지옥을 향해 가고 있는 것이다! 당신의 모든 죄를 회개하고 예수 그리스도께로 돌이켜 그분을 주님으로 모셔라. 그리스도의 말씀에 귀를 기울여라.

"만일 네 눈이 너를 범죄케 하거든 빼어 내버리라 한 눈으로 영생에 들어가는 것이 두 눈을 가지고 지옥 불에 던지우는 것보다 나으니라" (마태복음 18:9).

"조금도 자신을 부인하지 않고, 가장 사랑하고 있는 것을 포기하지 않으며, 가장 좋아하는 죄의 길을 떠나지 않는 것 — 이러한 것을 비유적으로 오른손을 찍어 내버리고 눈을 빼어 버리라는 것으로 표현되었다 — 에 대한 내용은 예수께서 그분과 참된 교제를 가지려는 모든 사람들에게 선포하신 내용이다." [12] 그러나 기억하라. 그리스도를 위하여 모든 것을 버리는 것과 연관된 어려움은 지옥에서 영원을 보내는 것에 비하면 아무 것도 아니라는 것을.

나는 천국에 들어가는 것을 두려워하는 사람이 있다는 말을 믿지 않는다. 그러나 사람들이 지옥에 들어가는 것을 두려워 할 수 있다는 말은 믿는다. 그래서 그들이 전심으로 하나님을 찾기 시작하고 그리스도에게 자비를 베푸시기를 간청하기 시작할 수 있다는 말도 믿는다. 사람들은 지옥의 가장 끝 언저리에 서 있는 것이다. 그들은 지옥 속으로 곤두박질 할 준비가 되어있다. 그러나 그들은 자신이 그런 위험에 처해있다는 것을 온전하게 깨닫지 못하고 있다. 지옥에 대한 얘기를 듣는 것은 지각없는 사람으로 하여금 영원한 진리들을 심사숙고하게 하는 요인이 될 수 있으며, 지옥에 대한 설교는 실로 가치 있는 것이다. 죽어서 지옥에서 영원토록 고통을 견디는 것보다 지금 살아서 지옥이 어떤 곳인가 알게 되고, 지옥으로 인해 두려워 벌벌 떠는 것이 훨씬 더 낫다.

나는 당신에게 죄에 대한 것보다 지옥에 대한 두려움을 더 가중시키고 싶지 않다. 죄가 당신의 실제적인 적이기 때문이다. 죄는 지옥보다 더 악한 것이다. 왜냐하면 죄는 지옥을 낳기 때문이다. 당신은 이 세상을 살면서 작은 쾌락과 정욕이 주는 즐거움을 위해 기꺼이 지옥에서 영원을 보내는 것을 감수하려 하는가? 죄에서 도망쳐라! 예수 그리스도를 향하고 자신만을 위하는 삶과 자신의 즐거움만을 위해 사는 삶에서 도망쳐라! 당신이 죽을 때는 이미 늦은 것이다. 회개를 위한 모든 기회는 죽으면 사라지는 것이다.

이 교리는 경건한 자 뿐만 아니라 불경건한 자에게도 유익하다. 지옥의 교리는 하나님에 대한 올바른 두려움을 촉발시킨다. 경건한 두려움은 여러모로 유익하다. 진심으로 하나님을 두려워하는 사람은 하나님의 계명들을 더 존중하게 된다. 하나님을 참되게 두려워하는 자는 사람들을 두려워하지 않을 것이고, 하나님보다는 사람을 더 즐겁게 하지 않을 것이다(이사야 8:12-13). 이 교리는, 지옥의 고통에서 구원해주신 그리스도 안에서 당신의 신실함과 기쁨을 증대시킬 수 있으며, 게다가 당신을 위하여 십자가에서 하나님의 진노를 대신 담당하신 그리스도에 대한 사랑도 증대시킬 수 있는 것이다.

지옥의 교리는 당신에게 죄에 대한 두려움을 촉발시킨다. 이 교리로 인해 아주 작은 죄에도 두려워하게 되며, 신앙 고백도 주의를 기울여서 하도록 하며, 마음의 죄나 죄악된 삶의 사고방식을 버릴 수 있게도 할 수 있다. 지옥의 교리로 더 이상 죄를 범하지 않게 하자.

지옥의 교리는 경건한 자들이 모든 외적인 것에 인내할 수 있는 도움도 준다. 그들에게 오는 고통은 일시적이다. 이 세상에서 겪는 고통이 아무리 크다 할지라도 지옥의 고통에 비하면 문제도 되지 않는다. 주님께서는 경건한 자들을 지옥으로부터 자유하게 하셨다. 당신은 세상이 주는 고통을 감내해야만 할지도 모른다. 그러나 세상의 고통은 일시적이라는 것을 기억하라. 그리고 당신은 가장 큰 모든 고통에서 자유로워진 것이다. 그래서 세상을 살면서 고통을 겪게 되어도 즐거워할 수 있는 것이다.

이 교리는 다른 사람들에게 그리스도의 메시지를 말해줄 수 있는 동기를 유발시키는데 유익하다. 얼 데이비스(Eryl Davies, 웨일즈복음주의신학교 학장 — 옮긴이)는 '하나님의 진노' 라는 자신의 책에서 이렇게 썼다. "지옥의 영원한 고통은 우리로 하여금 다른 사람들에게 그들을 구원해 주실 분은 오직 한 분이라고 말하는데 열심을 내도록 해주는 것이 되어야 한다. 이런 엄숙한 진리들을 선포하는 일을 주저하고 있는가? 지옥에 대한 생각이 불쾌한가? 하나님께서는 심지어 지옥에 있는 불신자들의 영원한 고통을 통해서도 영광을 받으실 것이라는 사실을 기억하라. 손상을 입은 그분의 위엄이 회복되어지는 것은… 선택하신 자들에 대한 그분의 목적 안에 깃든 탁월하심과 영원한 형벌을 받는 사람으로 인해 받으시게 될 영광을 통해서이다. 지옥 또한 하나님의 정의와 권능과 진노가 영원히 두루 미치는 가운데 하나님께 영광을 돌리게 될 것이다. 반면에, 처참한 심판이 죄인들을 덮치기 전에 그들의 구원을 위해 기도하고 실천하는 것은 우리의 책임이다."13)

자신이 회심했다고 생각하나 사실 그렇지 않은 자들과 자신이 회심하지 않은 자라는 것을 잘 알고 있는 사람들에게 마지막 말을 전하지 않고는 끝낼 수 없다. 당신은 영원이란 개념을 생각해 볼 수 있는가? 이제 잠시 멈추어, 끝도 없이 영원토록 쉬지 않고 고통 받는 것을 상상해보기 바란다. 무시무시하지 않은가? 매번 기회가 주어지는 것이 아니다. 바싹 마른 당신의 목구멍에 서늘함을 느끼게 해 줄 물 한방울 떨어지지 않는 곳이 바로 지옥이다. 그 영원이란 시간이 과연 얼마나 긴 것인가 다시 한 번 생각해보기 바란다. 다음과 같은 것들을 떠올리려고 힘써 보라. 낮이건 밤이건 항상 불붙는 용광로에 던져진 거미와 같이 타오르는 그 곳을 말이다. 날카로운 비명소리, 울부짖음, 그 비탄함, 당신이 태어난 날을 저주하며, 마귀와 당신 주위에 있는 영원히 저주받은 영혼들이 저주하는 말을 듣는 그곳. 영원히 반복되어 기억나는 것들 — 당신은 이 세상에서 얼마나 많은 경고를 받았던가. 그리고 당신은 그런 경고들을 얼마나 무시하며 살았던가. 자기를 만족시키며, 또 나의 영혼은 문제가 없을 것이라고 자신을 스스로 속였던 일이 영원히 반복해서 기억날 것이다. 욥의 아내는 욥에게 하나님을 저주하고 죽으라고 말했다. 당신이 회개하지 않고 당신의 유일한 소망이 되시는 예수 그리스도께로 돌이키지 않는다면, 당신은 하나님을 영원히 저주하는 자로 남게 될 것이며, 당신은 결코 죽을 수도 없는 가운데 그 무시무시한 하나님의 진노로 가득한 그분의 임재가 주는 영원한 고통을 당할 것이다. 당신은 절대로 죽지 않는다! 영원은 영원이기 때문이다!

주 • •

1. Thomas Shepard, *The Works of Thomas Shepard, Volume 1,* (New York: AMS Press, 1967), p. 94.
2. Jonathan Edwards, *The Works of Jonathan Edwards, Volume 2,* (Edinburgh: Banner of Truth, 1974) p. 87.
3. Ibid, p. 82.
4. Christopher Love, *Hell's Terrors,* (London: T. M., 1653), p. 19.
5. Jonathan Edwards, *The Works of Jonathan Edwards, Volume 2,* (Edinburgh: Banner of Truth, 1974) p. 884.
6. Ibid, p.80.
7. Ibid, p. 81.
8. Charles Haddon Spurgeon, *The New Park Street Pulpit, Volume 1,* (Grand Rapids: Baker Book House, 1990), p. 308.
9. Christopher Love, *Hell's Terrors,* (London: T. M., 1653), pp. 54-55.
10. John Gerstner, *Heaven and Hell,* (Grand Rapids: Baker Book House, 1991), p. 77.
11. Thomas Shepard, *The Works of Thomas Shepard, Volume 1,* (New York: AMS Press, 1967), p. 58.
12. A. W. Pink, *Studies in the Scriptures,* January 1932, p. 18.
13. Eyrl Davies, *The Wrath of God,* (Mid Glamorgan, Wales: Evangelical Press of Wales, 1984), p. 59.

하나님을 만나는 비결

초 판 | 1쇄 2006년 12월 20일
        2쇄 2008년 5월 30일
지은이 | 마틴 로이드 존스
옮긴이 | 김현준
디자인·편집 | 이승희
펴낸이 | 김현준
펴낸곳 | 꿈지기
주 소 | 경기도 부천시 소사구 괴안동 119-2번지
           조양빌라 라동 402
전 화 | 032)345-2932
등록일 | 2006년 2월 9일(제12-459호)
이메일 | calvin327@hanmail.net
총판처 | 생명의 말씀사
           Tel:02)3159-7979 Fax:080-022-8585

정가 9,800원
ISBN 89-957825-1-X 03230
ISBN 978-89-957825-1-4 03230